大人造命

泰州阳明学讲稿

杨鑫 ／著

上海古籍出版社

本书由中山大学禅宗与中国文化研究院

"旭日 · 中国文化丛书"基金资助出版

目　录

序一　王艮的"造命之道"

陈立胜

这是一本关于王艮"造命之道"的书，一本让我们掌握自己命运的生活用书。

王艮何许人也？他是让王阳明"心动"的人。

阳明善用兵，门人曾问用兵之术，阳明曰：用兵何术？只是养得心"不动"，即是术。阳明在四十余日内平定朱宸濠之叛，显示了超人的临危不惧的"定力"与"应变力"。然而，当一介布衣王艮毛遂自荐拜见王阳明时，阳明却大为感动："吾擒宸濠，一无所动，今却为斯人动矣。"嘉靖八年（1529）状元罗洪先亲赴安丰向王艮问学，嘉靖十一年（1532）会元林春以及进士出身的徐樾、董燧等纷纷拜王艮为师，王阳明悟性最高的弟子王龙溪也赞王艮有"超凡入圣之资"，并称其"名潜布衣而风动缙绅"。阳明殁后，弟子满天下，谁能守师门"正传"？阳明后学"江右四君子"之一刘元卿称王艮为"不失宗旨而粹然一出于正者"。万历十七年（1589）状元焦竑更称王艮是阳明门人中"最得力"者，是"旷代之伟人"。

让阳明心动、让阳明后学折服，王艮其人、其学必有其卓然不凡之处。

然而，王艮读书并不多，早年因家贫而辍学。他跟着父兄制盐，十九岁时随父经商至山东，今人猜测是从事贩盐一类的"非法"活动。西方哲学在其诞生之日就与闲暇与好奇联系在一起，西方第一位哲人泰勒斯就因仰望星空而失足跌进一口枯井，被他的女佣人狠狠地笑话了一通。思辨哲学的集大成者黑格尔说这个笑话适用于所有从事哲学的人。在遍地都是六便士的街道上，却仰头看着月色，显然都是衣食无忧的"有闲之士"。传统的中国哲人通常也属于"劳心者"的"士"阶层，处身于草莽鱼盐之中的王艮为何在从商的路上却开始仰慕"圣贤之学"？据说他在山东经商时顺路拜谒孔庙，看到圣殿的盛况而大受触动："夫子亦人也，我亦人也，圣人者可学而至也。"从此之后，他就怀揣着《孝经》《论语》《大学》，逢人就问，久而自学成才，并自信悟得《大学》"格物"本义。他跟时任南赣巡抚的王阳明反复辩难，最终虽为阳明所折服，但从他后来提出的所谓"淮南格物说"来看，在"格物"问题上他并不认同乃师的成说。刘宗周说《大学》"格物"有七十二家之说，乃至学者有"末学穷老绝气不能尽举其异同"之感慨！然而王艮的格物之说却令工夫严实的刘宗周叹服，"后儒格物之说，当以淮南为正"，又说王艮之书乃"入圣指南"书。淹博精审的国学大师章太炎，多次称王艮文化水平有限（"于诸经未尝窥"），但其"所务在于躬行"，其言"学是学此乐,乐是乐此学",颇能"上窥孔颜微旨"。王艮认定《大学》"致知"之"知"就是"知所先后"之"知","格物"的"物"就是"物有本末"之"物",章太炎断定"斯义一出,遂成千古定论!"生命的学问原本不仅对生命具有"存在的感受",而且将生命自身作为"书写""创造"的对象,让生命深处的"真己"(良知、神性、佛性)冲破层层驳杂的气质与习俗的闭塞而豁然开朗,此时解书早已不是字义、名相与义理的"斟酌",而是"心"与"心"的印证。要之,由丰盈的生命证成的学问不仅具有内在的充实与光辉,亦暗契学术的法度与谨严。

王艮不仅具有让"师保、公卿"乃至现代国学大师折服的本领,更有点石成金的弘法手段。门下不乏樵夫、农民、陶匠之辈,这些生活在社会底层的贩夫走卒却又有"赤手搏龙蛇"的"掀翻天地"豪情。其弟子辈中韩贞世代业陶,在樵夫朱恕引荐下,拜王艮为师。韩贞气度不凡,自称"两袖清风挥宇宙,一肩明月任西东"。他布衫芒履,从容周旋于王艮门下,有人笑其以襄衣为行礼,韩贞题诗壁间曰:"随我山前与水前,半襄霜雪半襄烟。日间着起披云走,夜里摊开抱月眠。宠辱不加藤裸上,是非还向锦袍边。生成难并衣冠客,相伴渔樵乐圣贤。"王艮见诗,知为韩贞所作,对其子王襞叹曰:"继吾道者,韩子一人而已。"韩贞另撰有"野老成圣"一诗:"固知野老能成圣,谁道江鱼不化龙?自是不修修便得,愚夫尧舜本来同。"可见"野老成圣""江鱼化龙""相伴渔樵乐圣贤",让贩夫走卒成圣成贤是王艮所创泰州学派一大风光。王阳明曾批评他的弟子"拿一个圣人去与人讲学"，把愚夫愚妇都吓走了，只有做个"愚夫愚妇"，方可与人讲学。王艮则称百姓日用是道，与百姓日用之道相异，就是"异端"。做个愚夫愚妇去讲圣人之学，这需要"百尺竿头更进一步"的工夫。既到了"竿头"，又"进一步"，"进"到何处？进步原来是"退步"，退回到大地上来，接上日常生活的"地气"，重新做个愚夫愚妇。在愚夫愚妇的烟火世界中，当下指点。唯有如此，才能与愚夫愚妇"通气"，才能接引愚夫愚妇，乃至在眉睫之间醒觉人。一位村野老人问韩贞，你们天天讲良心，良心究竟是什么？韩贞说，今天闷热，你穿这么多衣服岂不多余？你能把衣服脱去吗？于是野老先脱外衣，再脱里衣，至裤，不觉面红，自惭曰："我愧不能脱矣。"韩贞大喝：这就是良心！

　　如何将王艮深造自得的"淮南格物说"作为生命的学问在现代的烟火世界中落地，让它成为现代人"造命之道"，在喧嚣骚动的加速化时代中依然可以安身立命，收获自信、平和与快乐，《大人造命》一书给出了一条可行的路线图。

　　这是一本如理地阐述王艮修身工夫的书。它将王艮的淮南格物说分为"格物""诚意""正心"三套工夫。"格物"工夫就是"格度体验"到己身与家国天下原本相通。格物之"物"是《大学》"物有本末"的"物"，物之本，就是吾人的身心；物之末，就是家国天下。格物，就是在吾人之"本"这儿真实地格度体验到身心家国天下是一个大身体，就是让身心家国天下"通气"。"诚意"工夫就是吾人之"本"在日用酬酢中始终安立在身心家国天下一气贯通的"大生意"（大主宰）上，把这个大生意"一口气通到底"。"正心"工夫则是在诚意工夫上更进一步，做到念念由良知所发，念念由"仁体"所发。三套工夫的区分既是基于工夫由"生"至"熟"的节次，亦有文本的依据。《大学》文本只说"齐家在修其身""修身在正其心"，而没有说"正心在诚其意""诚意在致其知"，可见格物、诚意、正心乃是三套不同的工夫。《大人造命》一书对这三套工夫之区别与联系作了细致入微的如理分析。

这是一本如实地呈现王艮修身工夫的书。"如实"切入王艮的心路历程之中，踩着王艮走过的脚印，接续王艮工夫的学脉，以自家生命的体验，在日常生活的场景，呈现王艮工夫的肌理与节奏，让原本"纸上"记载的工夫（"死工夫"）获得了"在场感"，变成了当下的"活工夫"。本书的作者曾是一位儿童诗人，他曾在暑假到华北乡村向儿童传授创作诗歌的经验，教室中一小童讲起"阳光灿烂"一词，他觉得这是人云亦云的"套话"，就把小诗人们直接带到田间地头，令仰望太阳，并要求每个人不要引经据典，就用当下真切感受的语言描述这火辣辣的阳光，让"太阳"通过"眼睛"而直接"说话"。书中对"格物""诚意""正心"三套工夫的呈现都是出自作者肺腑之言，真切体验，真情流露。

　　这是一本讨论工夫论的书，更是一本指点工夫的书。它"如理"地阐述了王艮工夫论的内在理路，又"如实"地呈现了工夫落实的"场景"，公交车让座、夫妻关系、子女教育等等，我们都是这些场景的经历者、当事人，"一条直路本天通，只在寻常日用中"。"工夫"论就在这些场景中呈现，故能切入读者的心灵，拨动心弦，产生共鸣。让人心开意豁，化解心灵的纠葛，透显自家的良知。

　　这本书的作者杨鑫原是中山大学博雅学院本科生，他曾选修我主讲的《传习录》导读课程，几乎每次课后，他都有提不完的问题，并一路陪我从教室走到西区的住所，方才罢休。记得那时他对现象学特别感兴趣，所问大都是王阳明良知概念与海德格尔良知概念之异同，良知与胡塞尔的内意识、唯识学的自证分的关系一类问题。时在博雅学院担任院长的甘阳老师不止一次向我提起杨鑫，称他是一位读书的种子，一位非常阳光的男孩。后来，他顺理成章成为博雅学院的直博生，并在我指导下研习宋明理学。在我组织的《明儒学案》读书会上，他一直是读书会发言的主角。一次读到王畿"天根月窟"说，深有感触，决意沿流溯源，专攻邵雍。此后，扬雄的《太玄》、邵雍的《皇极经世书》与司马光的《潜虚》便成了我们见面聊天的主题。不知何时，他的兴趣发生了转移，并告诉我他的学位论文主题是王艮淮南格物说研究。我当时就给他泼冷水：此选题极不易做，一是材料有限，且很难再找到新材料；二是海内外学界对之研究成果不少，也难以有实质性突破。

为了打消他的念头，我还特别强调德国一位学者余蓓荷（Monika Übelhör）利用日本内阁文库所藏的《王心斋先生全集》撰写了一部在学界颇有影响的专著。于是，他很快托人从欧洲买回这部专著并浏览了一遍，然后郑重其事地向我保证他有信心做好这一选题。

杨鑫是热爱生活的人，喜欢厨艺，一度按照张岱的食谱做菜，并不时向我"传授"做菜经验。杨鑫更是喜欢跟人"通气"的人，他跟着郝雅娟老师到西藏中学做招生宣传工作，现场跟数百名中学生互动，气氛热烈。他把学生给他写的小纸条装在一个大信封中，一回到中大就满面春风地递给我，让我分享他的喜悦。

我知道杨鑫在自己家乡泰州组织了一个心斋读书会——"泰东书院网络读书班"，而且发愿要接上心斋"传下来的真血脉"。他在《大人造命》一书中倾诉衷肠："心斋开启的事业，并没有完成。乃所愿，则学心斋。"并发誓跟天下人"通气"："我们一同来继续心斋先生，这位大人，所造之大命。"

然而，四年前一个夜晚，杨鑫在读书回家路上脑部意外受伤，虽得到父母、妻子悉心照顾与师友的鼓励，但迄今仍在康复的路程中艰难跋涉。现在《大人造命》一书即将付梓，杨鑫起来！让我们全身通气，沿着"心斋的脚印"，携手各位有缘的读者，一起共造"大人之命"，脚踏实地走下去！

序二 杨鑫的学与行

张卫红

这本小书，源于中山大学博雅学院的博士生杨鑫同学在家乡东台市博物馆面对市民的系列讲座，时为 2016 年冬季，他只有二十四岁。次年春季，杨鑫把整理的讲稿发给我，请我提意见。很惭愧，我因各种忙碌一直没有细看。直到最近，杨鑫的博士导师陈立胜教授力推此书出版，上古社刘海滨、杨立军编辑热情促成并嘱我写序，才完整拜读一过。惊喜、歉意兼感伤，一时心绪慨然莫名。惊喜的是，我虽然早就熟知杨鑫的思想，但书中时时流露出的创见依然令我震撼；感伤的是，他于四年前突然病倒，至今身体与智力仍在艰难恢复中，不知何时再交流论学？我曾在博雅学院任教十年，目睹了这个年轻人从本科到博士八年的成长历程，见证了他从博览中西学问到皈心儒学的转变轨迹，以及罕见的才华与儒者担当。因此，我自觉有责任向读者介绍杨鑫和他的著作。

一、学思确立

杨鑫出身于江苏省东台市的普通人家。他慧根宿植，在中学时代就对哲学和文学产生强烈的兴趣，创作了一些很受读者喜爱的短篇小说。但他不满足于纯凭文学技巧的写作，认为人生困惑的解决才是文学创作的根基。带着这样的思考，2010年杨鑫考入中山大学博雅学院，想要在这个文史哲兼具的学习环境中，找到更为阔大的精神空间。

初识杨鑫，是在十年前春花烂漫的时节。2012年春季学期，在我给博雅大二本科生讲授的"四书"课上。这个面容清秀、眼神柔和的年轻人，是我第一个记住的学生，也是他第一次带给我惊喜。原因是讲到朱子《大学章句》"明德者，人之所得乎天，而虚灵不昧，以具众理而应万事者也"，他问我怎样理解"虚灵不昧"——这是古代儒者对本心体验的一种描述，非现代教育的知性思辨和概念界定所能解释，对于现代学子自然是隔膜的。那一问，让我看到他对儒家心性之学从一开始就有与众不同的敏感。

杨鑫第二次带给我惊喜，是在次年春季学期我给博雅本科生讲授"明代儒学"的选修课上。那时他已经对儒学尤其是阳明心学流露出浓厚的兴趣，每次上课都坐在离我最近的第一排，眼神时有心领神会的光亮，那是一种对儒家生命之学的默契。有次讲到《传习录》"严滩问答"中"有心俱是实，无心俱是幻，是本体上说工夫。无心俱是实，有心俱是幻，是工夫上说本体"，我问同学们当如何理解，杨鑫当即脱口而出"标准答案"。其他同学还是听不懂，对于初学阳明学的本科生这的确不易理解。我暗暗惊讶，惊讶的不是他的准确答案，而是他完全不假思索、完全靠当下直觉回应的领悟能力，他这种直悟的、脱口而出的理解，在我的课上时时可见。我自己是研习儒学多年、《传习录》读过数遍才有浸润其中的领悟之感，而杨鑫与阳明学目击道存般的默契，让我欣喜地看到了儒家心性之学活跃在当代青年身上的生命力。

那个阶段，杨鑫求知欲极强，苦读中西哲学经典到忘我的程度。他经常提着塑料桶去图书馆整摞地借书，苦读至深夜，见到他总是面无血色。课间他常来提问，下了课还要追着我，从中大校园的教学区一直穿越到教工宿舍区，走到我家楼下还论学不辍。论及阳明学，他常常引用康德、海德格尔的理论作比较，西学思辨的逻辑性与中学的悟性都极好，真是一个不可多得的学术苗子。因优秀的学业表现，他本科毕业后被选为博雅学院直博生，师从中大哲学系陈立胜教授攻读博士学位。我毫不怀疑，他如果走学术研究之路，一定会成为一个出色的学者。然而早在本科阶段，他就已经确立了一条比单纯的书斋治学更为艰难的道路，一条修身体道、自立立人的儒者之路。在2014年博雅学院开学典礼上，他作为研究生新生代表上台发言，主题是对甘阳院长所说"博雅学院推崇的人生价值不是金钱，而是智慧与修养"的理解：

研究生要考虑做学术、写论文。但学术能力并非智慧。学术能力也未必对整个人生都有价值。在学院，我了解到对人生的反思便是智慧。这种反思不是思辨，而是在生活的过程中，以道德实践的方式去反思自己的某些观念、习气是如何被社会一点点加到自己身上的，去体会自己人格上的缺陷，以及是如何在过往的人生中一点点加诸自己身上的。生活中时时刻刻关注自己的言行，造次必于是，颠沛必于是，努力地变化自身的气质，这便是智慧。这智慧给人一个全体的视角去看自己的生命。这时会出现一种声音，不是长久以来社会加诸我的声音，而是整个生命发出的声音。此时，做一个有道德的人的意义、"善"的意义，便凸显出来。在博雅学院，我第一次意识到，做个高尚的人对整个人生是多么重要。哲学，是对智慧的爱。对我而言，就等同于对善的追求。如此，智慧就是修养，只有这样的智慧和修养才能称得上是人生价值，而不是机智和生活情调。一个高级的罪犯拥有机智，但缺乏对整个人生的智慧；很多人学琴棋书画，过得有情有调，但那些东西未曾渗入生命之中，未成为一种修养。博雅学院推崇的人生价值不是金钱，也不会是机智和生活情调，而是智慧与修养。

那次发言，令坐在台下的甘院长非常动容。此时的他，做到了孔子所说的"志于学"。转变的契机，应当就在大三开始学习阳明学的时期。那时他还接触了泰州王学创立者王心斋的著作，十分契合。杨鑫的家乡东台在明代隶属于泰州，地缘上的亲近感增加了这份喜爱，于是他很快将学问和人生安立在学习传播泰州王学上。

二、思想贡献

从学习儒学之始，杨鑫自己走的就是一条不同于现代学术知性研究的、体贴古人生命智慧的另类之路。我认为,其人其书对泰州王学的生命自得,有以下两个方面。

一是作者对包括泰州王学在内的儒家心性之学具有深切的身心领会。

杨鑫悟性很高,对泰州王学默契甚早。他曾和我简略地说起在本科时期,有一次在连续 24 小时苦读、极度疲惫的状态下,忽觉天地变色,身心升华,世界改观。我理解这是一种类似宋明儒者的体道经验。与现代学术以知性思辨而得的思想产物所不同的是,体悟是知情意的统一,是长在身体里的“体知”,不是稍纵即逝的感性情绪,也不是脱离实际的心灵幻觉,它真实点燃了生命的光彩,让人无法不投注真诚的信仰与实践,古人所谓变化气质之学由此而来。举个例子,杨鑫在中学时代就有严重的抽烟积习,一般是两天三包,此后也曾尝试强压式的戒烟,均未成功,但在学习心学后成功戒烟,再无反复。他的《谈戒烟》一文说:“人皆在有香烟的人生中安顿,若没有香烟,其人生皆不得安顿。这时候,人即便主动地想去戒烟,也不能成功。须是整个生命有个转变,把人生安顿在无香烟处,才能彻底地戒除烟瘾。”不把生活中的负面情绪借抽烟来排解(即护短),而是要重新安顿人生的新基础,这是他从《周易·艮卦》“止”义中得到的启发,止于本心,安身于此,充满快乐——这一人人能懂却难以做到的“止”,对杨鑫而言却是不甚费力就能触摸到的心灵制高点。如果说,我们芸芸众生的生命世界在一层楼,天理良知对于我们而言只是见而未之即或者不相信乃至看不见的二层楼，它对我们并没有像饮食男女那样真实的、嵌在身体里的吸引力；但对于二层楼的圣贤君子而言，却能好德如好色，庶民去之而君子存之。孔子知其不可为而为之，阳明晚年逢人便讲良知，均源于这一真实、沛然莫之能御的力量。我理解，杨鑫对泰州王学的热爱也源于真实的生命体悟与受益，所得虽不敢望圣贤之项背，然其求道动力却是效法圣贤，信而好古，敏以求之。

二是作者对阳明学及泰州王学的理解，具有穿透文献的出色创见。

2016 年秋季学期，我给博雅研究生开设《传习录》课程。课程过半，学生对心学的理解依然隔膜。当时杨鑫正在网络上组织数百人的读书群研读阳明及心斋之学，每天晚上他在群中义务讲课一小时，我便邀请他来课上交流，希望他能从现代青年的理解视角帮助同学们找到对阳明学的亲切感。他欣然应允，主动配合我的讲解发言提问，从日常事例中活泼泼地阐发对文本的理解，也就是本书的风格，于是课堂气氛大大活跃起来。这也是他第三次带给我惊喜，和本科阶段相比，这时的他已经有了一种全面的质变：气质上变得更加和乐，无论同学们是否认同他的观点，都不影响他自得其乐的状态；思想上对泰州王学的理解已具规模，常给我启发。举两个例子说明之。

其一，是对阳明"九声四气歌法"的发明。

乐教不仅是儒家对一般大众实施教化的重要手段，也

是通达天道的重要方式,孔子谓"成于乐"。阳明认为,必
养得中和之心体,方能有中和之气发为元声,以此定律吕,
自能与天地之气相应。阳明基于"心体—元气—元声—天
地运化"一体贯通的理路,创制了九声四气歌法。这是一
种把握发声吐气、发声部位、声调高低、节奏韵律等技巧
的歌诗方法,与一般吟诵不同的是,此歌法通过歌诗来调
节吾人的元气元神与天地运化之节律一体同调,以此涵养
中和心体。阳明曾说,"学者悟得此意,直歌到尧舜羲皇,
只此便是学脉,无待于外求也",故九声四气歌法是致良知
教法的重要内容,阳明讲会中必备的歌咏环节,并获得时
人的高度评价,流传甚广,然其具体唱法早已失传。当时
杨鑫正在热火朝天地组织民间讲会,于是琢磨怎样把歌法
演唱出来,他居然无师自通。有次下课后,我请他给同学
们一字一句演示讲解歌法。尽管我对音乐是外行,但他发
声吐气的操作方法,配合生动传神的义理讲解,至少是再
现了九声四气歌法的普通唱法,让我为之一振,感受到
"乐以载道"之妙。在普通人那里,此歌法通过调适发声与
呼吸,达到平和气机、端正身心、怡情养性之目的,在直
透性命之元的圣贤大儒那里,则能以元神、元气统摄音声
与呼吸,仿之以春夏秋冬之四气流转,演绎道体生生不息
之运化。遥想阳明夫子歌诗之时,一心演大千,万化涌妙
音,金声玉振,直追洙泗,何其心向往之!杨鑫并无专业
的音乐造诣,他完全是出于对心学的赤诚热爱,而能声入
心通,发千古之秘闻。

其二，是对泰州王学的全新解读。

2016 年秋季学期的课间，杨鑫和我谈起对心斋之学的全新理解，也就是本书的基本体系，是他的解读改变了我对泰州王学根深蒂固的偏见。下面我谈谈对本书的整体理解。

本书对心斋之学的创见，不是对已有研究内容的增添补充，不是囿于文本的知性推理论证，而是深入体贴后的重塑系统与创造。本书紧紧抓住阳明学的核心——如何做致良知的工夫，以《大学》为纲，以淮南格物说为心斋之学的核心，解释为三套由浅入深、环环相扣的工夫体系。十二讲的前两讲是铺垫，论说做工夫之必要。第一讲以泰州学派指点工夫的传统"当下便是"为开端，启发学者在起心动念的当下进行反观；第二讲"立本安身"，学者认识到返回自身，方能有通畅自得的生命安顿。此后十讲，本书依淮南格物说将《大学》八条目分为三个工夫阶段、三套工夫：第一套是格物工夫，确立修身为本的思想，为做工夫的前提。通过见善体仁、反观辞气、辨志立志等方式，真实地格度体验到吾人之身是一身心家国天下一体、生生不息的大身体，以吾身为本的安身、保身，便是返回这个大身体。修身为本就是修良知之身、万物一体之身，立意甚高。故心斋《明哲保身论》的论证从爱己身为起点，推出不敢不爱人、敬人，层层推论至保家国天下，可以理解为心斋对普通大众进行伦理教化、下学上达的方便法门，是随他意说法；心斋实际的思想则居上学而下达，从个体感性肉身到一体之大身不是节节推出的工夫，而是原本通一无二，这是随自意说法。第二套是工夫的实地落实，即不间断地做诚意工夫，通过一觉已除、肯认真乐、诚意慎独等方式，实实落落、当下安住于此本体上。诚意，是诚天地间生意流行的本体之意，秉此意直心而行，不落私意计度，便有自得之乐。如能不间断地直心而行，就进入第三套工夫，即正心、修身、齐家、治国、平天下，由内而外层层扩展。本书在此对心斋之学进行了富有创见的发挥，以万物一体为根基，知行合一从宇宙天地的视域获得了更为阔大的意义：知，是人心对宇宙万物的照看；行，是人心对宇宙万物的成就，也是宇宙的健行；我们在成就万物的当下（传道），才能真切地知道什么是学（学道），才能契合贯通天人的道体（悟道）。个体生命的一切都与宇宙生命同步共振，超越经验世界的动静、昼夜、生死之对待，是为大人所造之命。在这个意义上，心斋说："出则为帝王师，处则为天下万世师。"这是儒者对天地万物应有的承担，入世即是传道，隐居亦是传道，无论是帝王师还是天下万世师，语默动静，无非格物工夫，无非道的呈现。本书除了对心斋之学的体系性梳理外，如是富有深刻洞见的阐发俯拾皆是。

当然，三套工夫之说在心斋文集中并没有直接的字面根据，本书以通俗的、我注六经的方式重新解释淮南格物说，是作者从心斋论《大学》的隐含内容中梳理发明而得，可谓心知其意、持之有故；每一工夫阶段、每套工夫的具体内容，援引阳明学者特别是泰州诸后学的文献为佐证，可谓左右逢源、论之有据。根本上，本书的解读方式与现代学术的治学方式是相反的，后者一般是根据文献进行知性推理论证而得出结论，前者则是先有其生命体贴而来的结论，再从文献材料中寻找依据证成之，据其自得而合理补充之，虽然超出了知性思辨的学术范围，但却更为贴合古代儒者的生命境界（当然这两种解释方式相互包含，不截然对立，二者的区别是以哪一种方式为先为主）。试想阳明龙场悟道后的诸多思想（知行合一、四句理、四句教等等），不都是对"心即理"这一悟境所建立的思想演绎、以使学人更易理解心学吗？不仅如此，本书对淮南格物工夫的阐释已非心斋之学的原本体系，而是作者对泰州王学甚深领悟后、以现代人容易理解的方式进行重新梳理的体系。若非对心斋之学有心领神会的整全理解，断不可能重构一个形异神同的新心斋学；若非对心学精神有亲切的感通与默契，断不可能从字缝里把五百年前的论学情状勾画得如此生动活泼；若非怀有强烈的济世立人的儒者担当，断不可能把工夫融会贯通后掰开揉碎、以一个个苦口婆心的分解动作呈现给现代人；若非对寻常百姓怀有深切的同体之爱，断不可能从大量现代伦常生活中深入细密地指点良知！但是，这个 24 岁的年轻人做到了。他的努力，让我对泰州王学工夫产生了真实可信的亲切感，让我相信在宋明儒学的众多工夫法门中，有一类当下自觉的工夫和心灵维度：是非好恶直任良知而发，不假思虑造作，无分形上形下，即感即应，即知即行，即学即乐，即传道即悟道，天机活泼，生生不息。梁漱溟论云：

> 当下自觉，就是当下的是非好恶痛痒，让这些在当下更切实明白，开朗有力，喜欢这个就喜欢这个，不喜欢这个就不喜欢这个，如恶恶臭，如好好色，毫无半点虚假。道家有所观的东西，儒家则只是教你当下不马虎，此即王阳明先生之所谓致良知，亦即真诚之诚，此非反观，而实是反观之最彻底最深者。（《梁漱溟全集》卷二《朝话》）

> 宋明学者虽都想求孔子的人生，亦各有所得；然惟晚明泰州王氏父子，心斋先生、东崖先生为最合我意。心斋先生以乐为教，而做事出处甚有圣人的样子；皆可注意处也。（《梁漱溟全集》卷一《东西文化及其哲学》）

我理解，心斋之学是儒家意义上的悟后之学，是从己心之生意贯通宇宙生意的高度立论，悟得者上学下达，贯穿百姓日用，不悟者则十分得其一二，乃至认欲为理。因心斋文献中并不区分上学与下学这两个说理层面，误解和流弊由此而起。"存天理，灭人欲"本是宋明理学工夫论的一大基石，儒者通常采取保守可靠的工夫方式，对人欲永远保持惺惺警惕的反省，从朱子的主敬，到江右诸子的主静涵养本体，再到刘蕺山的诚意慎独，莫不如是。因此王门同道中的正统儒家士大夫，对出身布衣却立论高明的心斋之学不甚认可，是可想而知的。但究实而论，因儒家学问重在人伦日用，对"万物一体之仁"的终极境界多是描述性的呈现，于心性深层的辨妄存真缺少深入细密的心识理论体系说明，这是导致理欲之辨含混、认欲为理之弊的一大原因，不该把王学异化的责任全部归结于泰州、龙溪之学身上。

我作为五百年后的阳明学研究者重新思考这一问题，要真诚感谢杨鑫这位青年同道，他以深切的体悟、同理心和想象力，从心斋朴素的、表达不充分的语录中梳理出诸多引而未发之义，以出色的论证让我认识到自己对泰州王学的理解，掺入了人云亦云、先入为主的偏见，也希望本书能引起学界对泰州王学的重新认识。当然，学术史上对心斋的批评自是持之有据，本书亦有可商榷处，但在儒学艰难生存于现代社会的境况下，我们更应当对本书的努力致以深深的敬意。

三、讲学传道

杨鑫在少年时代就乐于助人，曾被骗取信任和钱财，但从未因此而否定善良，滑向流俗。学习儒学以后，他找到了助人为乐的深刻的义理动机，这就是本书所说的，个体生命和宇宙合一，生命的意义只是成就万物，也就是传道。如果不是传道，只是为自己而学，这个学不是真正的学问，这样的学习带来的快乐，一定不是本体之乐。他把心斋《乐学歌》增加了传道的维度："乐是乐此传、乐此学、乐此乐；传是传此学、传此乐、传此传；学是学此乐、学此传、学此学。"生命中的一切所为都是对道的演绎，念念所期只是传道，不及其余。如果对此确信到赤诚无伪的心灵高度，那一定不再计较个体小我之利益得失，乃至无惧生死，爆发惊人的能量，生命便从孟子所说的"小体"升华为"大体"。不能说杨鑫已经完全达到大体的生命境界，但他的所行的确是以大体为榜样，远远超出了一般的青年学子。四年间，他从课堂助教到讲学传道，凡有利他机会，无不竭诚尽力，践行了一个儒者的真正所为。这里举一些事例。

一是课堂义务助教。

按中山大学的规定，博士生在读期间须完成若干本科生课程助教之任务。杨鑫完成了规定课时后，又主动在我讲授的《传习录》、"四书"两门课上分别做了三个学期的义务助教，直到他生病倒下的前两天。因学生受现代教育知性思辨为主的影响，对心性体悟的内容往往缺乏切身体会，于是我在课堂上每每讲到关键点，杨鑫就会用非常谦和的姿态主动发言或提问，帮助同学们深入理解文本。2017年秋季学期，我给博雅2016级学子讲授"四书"，杨鑫和我的硕士生冯欢一起做助教，他们非常用心地做了几期课堂记录：把每次讲课的要点、同学的发言记录下来，把没有展开讲的知识点补充进去，最后附上杨鑫写的"课堂小记"，还把课上讨论和同学试讲的情形拍照，制成图文并茂的课堂记录共享全班。这里分享几则他写的"课堂小记"：

李学友读到"不迁怒，不贰过"时说：我非常喜欢这一条。之前我们都觉得颜子好，但是我总觉得和自己的人生还是离得远。但是这里读到不迁怒，不贰过，我觉得是可以推之于己的。杨鑫：语气很真切。这种读《论语》的状态太好了。

张老师由"不迁怒，不贰过"，讲到"不远复""研几"的功夫：几者动之微，心之微动。如晨起时，心偏离本体，于是有个赖床的念头，这个念头刚刚发出，赶紧让心回到本体的状态，腾的一声就起床了。这就是"不远复"。杨鑫：诸生有感触，许多人做笔记。

郝学友试讲，遇到不明白的地方，便说不明白。以前有学友存在一个情况：一段话里，有几个字搞不明白，可能也不影响理解，便跳过去了。以此可知：这一方面是郝学友读书细致用心，另一方面是他矜持心小，理障小，心胸宽大。

余学友整理了很多试讲材料，不厌其烦，非常用心。不过，他讲到难讲的地方往往对着老师讲。我建议，要对着在座的学友讲，这样心里想的就只是怎么让大家听明白。自信一点，放开手脚。

余学友讲"士不可以不弘毅"一条，讲到他初中很艰难的一段时期读宾四先生著作，宾四先生的一生就是弘毅的一生，给予他很大力量。余学友讲此条时甚为动情。余学友可自宾四先生上承到孔、曾一脉，以为归宿。以往我们称钱穆先生，余学友讲课时皆称宾四先生，更有敬意。张老师在讲台讲课时，余学友退到讲台以下，覆手恭听，敬师知礼。

如今再看当日的课堂记录和照片，依然让我感动。杨

鑫是在以古代师者育人的方式践行传道理想，希望同学们
记住的不仅有学问知识，更有生动温暖的论学场景，有学
子们探索心性的热望，以及生命情境中呈现的德性智慧。
助教之余，他还在博雅学子中组织每周一次的读书会，继
续消化理解文本。可以说，这些努力真实促进了 2016 级同
学对儒学的理解与喜爱，学习氛围空前地好：十几个同学交
上来的试讲稿多达四五十页，最多的达八十页，多位同学
制作了精美的试讲 ppt，达一百多页。每人一节课的试讲，
同学们往往花一两周时间进行非常认真的准备。"四书"课
是每周一、三早上八点开始，入冬以来，当别的教室还漆
黑一片空无一人时，我们的文科楼 111 课室已经灯火通明：
7：30 就有同学来到，开始背诵"四书"；7：50，三分之一
的同学已到；7：55，三分之二的同学已到，迟到现象罕见。
这门课有 50 分的成绩是默写"四书"中的经典句子，内容
近万字，每次上课前 5 分钟，我提问抽查背诵，记入平时成
绩。杨鑫对这样的学习氛围写道：

　　课前，诸学友早早到了教室，背诵《论语》。一堂学
友，精神焕发，毫无燕安之气，使人振奋。

　　全身心背书，即所谓"生也直"，即所谓"居易"。孟
子说"其为气也，至大至刚，以直养而无害"，大家如果能
够把这个状态时时保守住，那就是在养气，气量会越来越
大，生命会越来越重，学问会越来越坚固。这就是"君子
不重则不威，学则不固"。重，即自重。如果行险以侥幸，
那么必是做得个常戚戚之小人，这便是自轻自贱，重与威

全无。诸君可谓自重！

2017 年的秋季学期课程，是我在博雅学院教学氛围最好的一次。其中一个重要的原因，在于我和杨鑫"同声相应，同气相求"的默契配合，促进了同学们学习儒学的热情。当时我并不知道，这只是他诸多讲学活动的一个插曲。

二是校外义务讲学。

我后来才了解到，杨鑫在生病前的四年里，但有机会便讲学，次数多得难以统计。他的讲学对象，除了少数文化素养高的学友，大部分是社会大众，农村村民、城镇居民、打工仔、普通职员、中学生等等。讲学的方式，有对较高文化学友组织的网络读书班和讲会，更多是对普通大众的随缘接引：乡间祠堂、居民社区、中小学校园，随处都是道场。讲学的内容，他联系日常生活把深奥的儒家经典活学活用，指点人心向善：中小学生如何学习交友，大学生如何孝敬父母，家长如何教育子女，妻子如何关心丈夫，丈夫如何从婚外情回归家庭，乃至抑郁症患者如何摆脱抑郁，陪酒女如何告别风尘，刑满人员如何重获社会信任——他主动面对普通百姓，乃至社会底层看不见光明的群体，真诚践行着心斋先生的百姓日用之学，努力给予每一个人以平等、温暖、救拔、希望。在此举一二事例。

2015 年 9 月，杨鑫成立泰东书院网络读书班，旨在继承"阳明学者的讲习风气，共究性命要旨，安顿好自己的人生，感染身边人，立志做有理想有担当的君子"，特别强调"诸君须于此事上用功，非功利地研读原典"。读书会成员来自各行各业，由杨鑫主持和主讲《论语》《周易》《传习录》《王心斋全集》等经典，每周一次，两至三小时，三年间从未间断，直至他生病。有一次正值正月初三，杨鑫外出没带电脑，为了按时举行读书会，他一大早便跑遍当地小城镇，终于找到一家营业的网吧，早晨七点就开始与讲友一起读书。为营造群中学习氛围，杨鑫几乎每天都会在群里分享自己读书所得，与学友们交流讨论，从无厌烦。

　　某次到外地讲学，当地学友想尽地主之谊，提议一起吃饭喝酒。杨鑫说："先学习，不要搞得像酒肉朋友聚会一样。可以琢磨琢磨怎样让大家以最好的状态学习。不能本末倒置。大家的人生要有一个转变，不然我就白来一趟了。人生要有转变，这个很有难度，没有全身心投入学习的心，很难做到。我们不能白白聚一场。"此后两天里，除了吃饭和睡觉，杨鑫全部的时间和精力都用在给学友讲解《礼记·表记》。结束后在去火车站的路上，他都一直在和学友论学不辍。

　　杨鑫还和学友一起摸索尝试青少年的教育实践，多次给中学生讲学。每次讲完，他都请学生们写下目前生活中最大的困惑，收上来一大包字迹稚嫩的纸条，力所能及地给予回复。例如 2017 年 5 月，杨鑫到华南师范大学附属中学给初高中学生共 90 余人讲课。他从校训"敬德修业，格物致知"讲起，对泰州学派的修身工夫作了一个导论。讲座后收到 12 张反馈纸条，他全部给予回复。这是其中的一个：

学生：有一个关系很好但没有自己优秀的朋友，我心底里有点轻视他比较差。

回复：A：什么是更优秀呢？别人可能成绩没有我好，但是其他方面可能比我优秀得多。有个孩子，他上课总是打瞌睡。大家都觉得他不努力。后来才知道，他只有妈妈，没有爸爸，他的妈妈突然生了重病，他每天都要去医院照顾妈妈。我们之前说他不努力，这就是"轻论"。我们不能对别人轻易下结论。一个看起来不如自己的人，可能在他的生命中有很多不为人知的可贵品质。孔子说："不患人之不己知，患不知人也。"别人不知道我是个好人，对我轻易下结论，这不是我们担心的——因为这是难免的。日久见人心。我是个好人，别人终会知道。我真正要担心的是不知道别人有多好，看轻了别人。

B：朋友即便真的是不如自己，我们应该想着如何帮他变得更好。评价别人的好坏，这件事没有意义。我们应该"以仁存心"（《孟子》），做事情的动机只是同情别人，成就别人；不应该终日以好胜存心，终日在攀比、计较。这样做是耗费生命。

每次讲座，他都十分珍惜孩子们的小纸条，像保存标本一样保存在书柜中，希望未来某天能看到孩子们从困惑中走出来，走向一种坚定的人生。心斋先生说："只是学不厌、教不倦，便是致中和，位天地，育万物，便做了尧舜事业。此至简至易之道，视天下如家常事，随时随处无歇手地。"杨鑫以此自勉：能力不足时，努力调节自己的生命状态，减少对他人的负担，蕴养未来的可能性；能力增长时，更要不断精进，以百倍的热情投入到造福他人的事业当中。

因为这样的愿力，仅据 2017 年一年的不完全统计，25 岁的杨鑫在校外讲学计 84 次、69 天，加上每周一次的网络读书会，全年讲学共计 138 次，平均每 2.6 天讲学一次。这是否耽误他的博士学业？据我所知，他的经典阅读量比他的同学高出很多，常年每天睡眠 5—6 小时，面容清瘦，精力旺盛。当一个人把全副生命融入学道传道的宇宙大生命中时，必然超越小我的体能和精神界限，正如一位学友所说："杨鑫给我展示了一个和周围芸芸众生完全不同的人生。他不为自己活着。"

然而，这一切停止在 2018 年 10 月的某个夜晚。那一天，杨鑫头部意外受伤，引发脑组织损伤。在他父母、妻子配合医疗的强韧坚持与细心呵护下，在校方和师友们的全力帮扶下，他度过了长达一年的生命危险期。我动容于他的亲人全力救护所背负的苦难与期望，动容于无数亲近或陌生者的关心与精神传递——就我所知者列举一二：为杨鑫康复治疗发起的众筹，被一位省吃俭用、七十五岁的老奶奶看到，立即托我转去 1 000 元；台湾"中研院"中国文哲研究所研究员林月惠老师，至今每天都为杨鑫祈祷，希望他早日康复；2022 年春季开始，我的同事赖区平老师带着硕士生每周阅读本书，如今已经开始第二轮，孜孜探索适合于现代人的儒家修身工夫。身为他的老师，我力所能及的便是写下此文，为杨鑫，为儒学精神立传。"常将中正觉斯人，便是当时大成圣（王心斋《大成学歌》）"，亲爱的杨鑫，在这草木茵茵繁花依旧的春光里，在这疫情肆虐列国纷争的当下，总有人和你一起继续未竟的志业。昏暗的世界，总有人舍生忘死，敲响不朽之鼓。

壬寅仲春草就

癸卯夏月改定于羊城

第一讲

当下便是^①

直奔主题，来谈功夫。所谓"谈功夫"，就是谈我们怎么做，怎么真实地改变自己。

有人谈，我们要尊老。在地铁上，我们要给老太太让座。可到了地铁上，这个人看到老太太颤颤巍巍地站在他面前，他的屁股就是不愿意抬起来。这虽然也是在谈"我们怎么做"，但只是谈谈而已，谈个热闹。这不是本书所说的"谈功夫"。

本书所说的"谈功夫"，是谈谈你在地铁上，面对一个颤颤巍巍的老人，心里是不是有一种坐不下去的感受，是不是有一种坐在上面如坐针毡的感受。如果有了这个真切的感受，自然就给老人让座了。这个感受，有就是有，没有就是没有。学儒学，要有广大的胸襟——没有就是没有，这需要广大的胸襟。别人问你有没有这个感受，你碍于情

——————

① 标题又写作：谈功夫实践。

面说有，这就是胸襟小了。但这还不要紧。在你自己摸着良心问自己的时候，不能骗自己。这个时候，如果连这个真实的自己，有各种问题的自己，都不能承担起来的话，那也就不必学心斋了。学习心斋的各位同仁，有气质很好的，有气质很差的。就像抹桌子，有人桌子干净，抹布一抹，几下就擦好了；有人桌子脏得要命，一个月没擦，黏糊糊的。不管是干净的桌子，还是脏桌子，都是我们必须擦的，必须要承担这一点。至于怎么擦，心斋会告诉我们。在心斋这里，再脏的桌子，擦起来都是轻轻松松，有无边快乐的。我要是不能承担起这个脏桌子，在这个黏糊糊的桌子上盖一层遮丑的布，那就难办了。这块布盖上去，可能自己的生命就会白白耗费掉一二十年。盖的这块布，就是矜持心。我们须放下矜持，才能承受心斋先生的指引。要是我们揭不开这块布怎么办？心斋先生会亲手给我们揭开。

一、放下矜持

　　会诸友于金陵。黄洛村弘纲常讲不欺，先生曰："兄欺多矣。"洛村愕然请示。曰："方对食时，客及门，辞不在，非欺乎？"洛村谢过，先生笑曰："兄又欺矣。"洛村未达。曰："通变而宜，岂为欺乎？"在座皆有省。（《王心斋年谱》）

翻译：

心斋先生 51 岁的时候，和许多学友在南京聚会讲学。洛村正讲"不欺"，心斋先生却说："老兄，您欺的地方多着呢！"（心斋对洛村的这一指责很严厉。）洛村十分惊愕，请心斋指示。心斋说："刚刚我们吃饭的时候，有客人来，你说你不在，这不是欺吗？"洛村谢过心斋。心斋笑了，说："老兄又欺了。"洛村不明白心斋是什么意思。心斋说："（你说自己不在，只是）变通而宜，怎么能叫欺呢？"在座的都有所启发。

解释：

心斋和洛村对食，此时洛村不方便迎客，所以让仆人说自己不在家。这个是合乎时宜的变通的做法。如果直接和别人说："我有事情，不方便接待您。"这就有些不礼貌了，别人听了也不太舒服。这并不是"欺"，但心斋故意说这是"欺"，洛村应当回答："我这个不是变通而宜吗？怎么是欺呢？"但洛村没有这么回答，而是谢过心斋的指教。这个谢过，才是洛村真正的自欺之处。

心斋第一次批评洛村，是"引犬上堂"，把洛村隐匿在心中的那点自欺搜刮出来，摆到台面上谈。在洛村心中的自欺冒出来的时刻，心斋当下给出了第二次批评。第二次批评方是真正的批评，方是点出了洛村的矜持心。学友切磋，信即信，疑即疑，一点苟且都要不得，如此才能赤诚地相待、切身地切磋。

这段话可以看出心斋如何当下营造出情景，并且当下

指点人。这里指点出的就是人的矜持心，也就是俗话说的
"端着"。我们在洗衣买菜的时候，是活生生的人，是父母，
是子女，是领导，是员工。但一上起课，一读起书，一学
起儒学，我们就进入了一种"不自然"的状态，整个人就
"端起来了"。生活中，喜欢大鱼大肉的，这时候，高谈要
杜绝口腹之欲了。这样的谈论，往往是不切身的，没有多
大好处，甚至有害。我要做君子，不能做小人，所以我杜
绝口腹之欲。这个做君子的想法也是私欲，是喜好君子的
身份，喜欢做君子的感觉，并非是真正领会到杜绝口腹之
欲本身的价值。这样，越是说要杜绝口腹之欲，给自己造
成的压力就越来越大，久而久之，心火越积越大。（只要是
端着，你就要提着一口气，既耗费精力，也不会快乐。阳
明先生称之为"因药发病"。）这样下去，气量只会越来越
小，人生的道遂越来越窄。

二、即尔此时就是

"即尔此时就是。"

心斋以及泰州后学常常说这句话。

比如，有人问心斋：老师啊，我觉得自己很难体会到精
神凝一的状态。

心斋：即尔此时就是（你现在这样就是了）。你现在问

我问题的时候，没有想别的东西，眼睛盯着我看，神情专注，就等着我的回答——这不正是精神凝一吗？

再比如，有人问：老师啊，什么叫寂然不动、感而遂通啊？

心斋：即尔此时就是。你现在在等我的回答，心中不想别的，没有一点妄动，这就是寂然不动啊！

学生当下醒悟，面露喜悦。

心斋：你现在一感受到自己的心体原是寂然不动的，随即生起如此之喜悦，这就是感而遂通呀！

再读四段心斋的语录：

1. 有学者问"放心难求"，先生呼之即应。先生曰："尔心见在，更何求心乎？"

有来学习的人问心斋，我的心总是向外放驰，就像孟子说的，放其心而不知求，怎么办呀？心斋没有回答他的问题，而是呼叫了一声这位学友的名字。这位学友就应了。心斋说：我一叫，你就答应。你的心不是现现成成在这里吗？还要到哪里去求个放驰的心呢？

学友的问题，虽然是个修身的问题（觉得自己的心总是放驰，要改变这一点），但是这么问，就成了概念上的搬弄。心斋则不和他搬弄概念。心斋直接以一个当下的行为，使他生出一个当下的感受，直接去体会自己活动着的心，正在发用的心。如此，一个对功夫论的探讨，当下转化成本书所说的"谈功夫"。功夫遂立刻上手了。

2. 学者初见，先生常指之曰："即尔此时就是！"
未达。
曰："尔此时何等戒惧，私欲从何处入。常常如此，便是允执厥中。"

学生初见心斋，心斋常常指着这个学生说："你现在这样就对了！"
学生不知道是什么意思。
心斋说："你现在（被我这么指着评论）是多么戒慎恐惧啊！你就这个状态，私欲根本进不到你的心里。你要是能够常常这样，那就是尧舜相传的'惟精惟一，允执厥中'了。"

宋明儒教人，常常有个话头。比如朱子的存天理灭人欲，象山的先立乎其大，白沙的静中养出个端倪，甘泉的随处体认天理。而心斋教人，一开始就给他一个真切的感受，学者有了这个感受，日后常常回味它，时时存养它，这就是做功夫的把柄。如今我们来学心斋，做心斋的功夫，亦当如此。功夫只在日用中，良知莫向纸上寻。

3. 问："常恐失却本体，即是戒慎恐惧否？"
曰："且道他失到那里去？"

有学生问心斋："我常常担心失去本体，这就是戒慎恐惧的功夫吗？"

心斋没有直接回答是或不是，而是问这个学生："你说说看，你的本体（此处可以理解成本心）失到哪里去了？"语录就记载到这里。心斋这么一问，学生不知道回答什么。本体失到哪里去了呢？当我这么一想的时候，那就是我的本心当下在发用，这个时候，本心哪里也没去，就在这儿思考着呢！心斋这么一反问，当下让学生感受到本体就在我身上，反身而诚，乐莫大焉，不需要刻意防范本心的丢失。

4. 先生谓子敬曰："近日工夫何如？"对曰："善念动则充之，恶念动则去之。"曰："善念不动，恶念不动，又如何？"不能对。先生曰："此却是中，却是性。戒慎恐惧，此而已矣。常是此中，则善念动自知，恶念动自知，善念自充，恶念自去，如此慎独，便是知立大本。"

心斋问王子敬："近来功夫做得怎么样呀？"

（读泰州学派的语录，要注意其特点。因为泰州学派，基本是实打实的指点，老师但凡是问出一个问题来，必定是看到学生身上的一个毛病，对症而问。熟悉心斋的文风，即知，心斋可能感受到王子敬功夫不切身，习惯在纸堆里搬弄陈言，所以想找个契机点拨一下他。）

王子敬："善念出来的时候，我就实现它，恶念出来的时候，我就去除它。"

（王子敬所回答的是心学中十分常见的为善去恶的功
夫。看言辞，他也像是正在仔细做这个功夫。王子敬像是
成绩中等的小学生，他努力学习，好好完成作业，但就是
没有抓到学习的把柄，学起来比较累，常常"硬着头皮"
做事情。这就是泰州学派常常批评的：功夫"把捉"，不自
然。心斋原本问他自己最近功夫做得怎么样，这是一个十
分个人化的问题，而王子敬的回答却是一个十分普遍的对
功夫论的同行说法。亦即：心斋想要和他切身地谈谈功夫，
而王子敬则不太切身地答回去。）

心斋："要是善念没有出来，恶念也没有出来呢？"
王子敬没法回答。

（心斋这个问题十分尖锐。王子敬做功夫没有一个头
脑，所以随大流，跟着别人后面做功夫。你要是问他善念
恶念都没有的时候怎么办？他一下子懵了，不知道怎么办。
就这个"懵了"，就这个"不能对"，恰恰是从一个虚妄的
自我，走向真实自我的契机——不再跟着别人的脚跟后面
做功夫了，不再搬弄人家的陈言了，直接面对当下的人生
问题！）

心斋说："你这样的状态，反而是中。（不知道怎么做，
那就不知道怎么回答了！这就是真实心体的发用。）戒慎恐
惧的功夫，也就是你的这个'不能对'了。（而之前，我一

问，你张口就说，一套一套的，那就是信口说，是虚说妄说，而非戒慎恐惧。）你常常如此，常常保守这个活泼泼的本心（也就是中体），那么不管善念恶念，随它们怎么来，你都是这个本心去应对。你自然做到善念充，恶念去（原先，你说的是"行仁义"，而这时，你才是"由仁义行"）。你这样做慎独功夫，就立了生命的大根本了！"

对于这个条目，泰东书院有诸多讨论。

深圳的射月兄说："王子敬的行仁义，也是不由自主的，因为任何一个问题来，他的知识理论就会抢先发出，而真心状态被隐没。等到心斋突然问一个他完全没有任何考虑的东西，这时真心裸现，他一切知解与气魄都没有用了。知解的凑泊是不由自主的，如果在有矜持心之下，会更加隐蔽巧妙。不遇良师，很难剥落。"

读这一条语录时，我问诸位学友，"此却是中"的"此"指的是什么？南京的日新兄说："是指'善念不动、恶念不动'者吗？"我说不是，是"不能对"三字。日新兄随即重新给出了准确的翻译，大家称赞日新兄"一点就转"。之后，我将这段仔细讲了一番。日新兄说："我最初应当'不能对'才好。（当时不应草率回答，埋没真心。）"在座多叹服日新兄功夫契入之真。

心斋的这个"即尔此时就是"成了泰州学派指点功夫的传统，许多道理讲得头头是道，实际功夫却不能上手者，皆由此走上一条大路。这也是今日，我们修习心斋之学，先要去领会的。

三、明辨与浑厚

1.1　一友好直己之是。语之曰："是非之在人心，自明自辨，何须自家理直？子直其是，谁肯认非？

一庵先生是心斋族弟，也是心斋弟子中悟性很高、功夫很真的。他家在姜堰，也就是今天的泰州市姜堰区，离心斋所在的安丰镇有一天的路程。

和一庵学习的一位学友喜欢"直己之是"。所谓直己之是，即自己说的是对的，就一定要坚持自己的意见，非与人争出个结果不可。一庵便告诉他："孰是孰非，大家心里自有个明明白白的判断，哪里还需要你去争论？你坚持自己是对的，谁肯承认自己不对呢？"

朋友之间起一个争论的时候，对方常常已经觉得你说得对了，只是碍于面子，还是硬着头皮和你犟。他和你犟，你就给两个人都找个台阶下就好了。等到这个事情过去了，朋友自然会吸取你的意见。儒家是讲究恕道的，恕道，不是你走过去，强硬地把道理灌输给别人，而是让别人自己领会，自己向你走来。恕，上如下心，如心即走进心里。我们的心是真诚的，是敞开的，我们须以这样的态度等待别人走进我们的心中。这是其一。

其二，坚持自己正确的意见，这个正确的意见，很多时候固然是对别人有好处的，发心是成就别人。然而，这个成就别人的心还不纯粹，还有很多好胜心在，有一种显示出自己比别人高明的欲望，这就是己私。这样的好胜心，别人是很容易感受到的，也会激发起别人的好胜心。这么一来，你说一句话，不但没有成就别人的善，还激发了别人的恶。

1.2 "此余少时害过切骨病痛！曾记与林东城论一事于舟中，余欲明辨自己之是，东城则欲浑厚莫辨，谓：'辨得自己极是，不难为了别人？'予执滞不能服。

东城先生名春，字子仁，是最早向心斋学习的弟子。

一庵说：喜欢直己之是，这个问题我年轻的时候也犯过，这是我切入骨髓的病痛！以前我和林东城在船上探讨某件事情。我当时觉得自己正确，就一定要把它辨明。而东城子则想要浑厚不辨。东城子说："把自己的意见辨别得特别对，辨别得无法反驳，这不是让别人很难堪吗？"我当时满脑子钻进那个问题里，执着于那个问题，在那个问题上滞留着，对东城子说的话并不服气。

一庵跟东城的明辨，是就事论事。而东城对一庵说的，则是指向一庵此时的状态。此时，一庵被好议论的心主宰着，说话的动机全在这个相胜心。而东城子对一庵的指点则充满了对学友的关爱。比起谈论的内容，东城子更在意一庵在谈这个事情时展现出来的身心问题。这个问题是终身的问题，是根本性的大问题。而一庵所执着的，只是枝节上的小问题。孟子说，先立乎其大，则其小者不可夺也。"直己之是"的心，也就是本章一再强调的"矜持心"。

1.3　"时李天泉在坐，两解之曰：'二公皆是也。浑厚则仁之意多，辨明则义之意多。'

这时，李天泉也在船上坐着。他从两个方面说："二位先生说得都对。东城子浑厚则仁的意味多一点，一庵先生辨明则义的意味多一点。"

一、李天泉打的这个圆场实则没有切入二人的问题。按照李天泉的说法，东城和一庵其实在两个方面谈问题，并没有真正的分歧。

一庵和东城固然在两个方面谈论，一庵在知识层面谈论，在这一层面，东城不愿意谈论，觉得不重要。东城则就一庵在谈论当下所展现出来的相胜心的角度谈论，这一层面，一庵尚未能领会。

二、李天泉认为二人都是就着一个问题论出个对错，所以先是肯定二公说得都对。这也体现出李天泉未能确实领会东城所说的那个关于相胜心的层面，而是和一庵一样在相胜心的层面打圆场。

1.4　"予曰:'巧哉! 仁可以该义,义不可以该仁,吾二人之优劣既较然矣,何得谓皆是乎?'

一庵说:"李天泉,您解释得真巧妙啊! 然而,根据儒家的道理,仁可以涵盖义,义不能涵盖仁,我和东城二人高下立判,东城说得更加正确,兄怎么能说我们都对呢?"

一庵这么说,仍然是在计较谁高谁低,这样学儒学,学到的是一些"意见",与自身修养没有太大关系,难以从根本上扭转自己的生命。

1.5　"东城大笑曰:'公依旧又在这里辨个优劣要做甚么? 公可谓"只是生姜树上生"。但自此,吾当进于明辨,公亦当进于浑厚,则彼此俱有益耳。'

东城大笑道:"一庵兄,您还在这里分辨个谁优谁劣要干啥呢? 您可以说是'只是生姜树上生'。但从此以后,我在明辨上多用功,您在浑厚上多用功,我们彼此都有益。"

"只是生姜树上生"是理学家之间常说的一句话。北宋的小程子也是擅长明辨的,邵康节有一次和小程子说,你说生姜长在树上,我也就依你的说法。因为辨明这些事情于身心修养实无太大益处,而争辩的过程却能激发许多相胜心。

东城和一庵讲话,目的很明确,想要指出一庵存在的这个问题。东城子做事的全部动机都是发自一颗爱人的仁心，发自良知。所以东城子是一副活泼泼的样子，动静比较自如，忽而大笑，又忽而沉着细致地讲问题。这个大笑，把一庵从一种计较的思维中一把拉出，让一庵从知识概念的层面，一跃而进入对身心状况的自反。这段文字是一庵记载的，事情过了几十年，一庵仍然对这个大笑记忆犹新。

紧接着，东城又在知识概念的层面肯定一庵，认为一庵的明辨是很值得自己学习的。

1.6　"予于是始大悟其差，亟起谢教，自是悔改。数十年来，然后能不敢不浑厚也。"

我一庵这才开始大悟到自己此前学习的差错，当即站起来感谢东城子的教导，并从此改正。几十年过去了，然后能不敢不浑厚。

一庵这个"大悟其差"，不是在这一件事情上明白了高低，而是体会到自己一直以来功夫上的问题，也就是好议论，好计较，功夫不切身。如此并不能做到本章所说的"谈功夫"，不能真实地变化自己的人生。而且，随着儒学学得越来越多，理论上对自己的支持越来越大，心中的傲慢、矜持也会日渐增长。若没有这个"大悟其差"，恐怕要终身执迷。

后经东城子引荐，一庵拜入心斋门下，终身服膺心斋之学。

2.（海门）已见近溪，七日无所启请，偶问："如何是择善固执?"近溪曰："择了这善而固执之者也。"从此便有悟入。近溪尝以《法苑珠林》示先生（海门），先生览一二页，欲有所言，近溪止之，令且看去。

心斋传波石，波石传山农，山农传近溪。海门先生是龙溪的弟子，又有称海门为近溪弟子者。

周海门已见到了罗近溪先生，相处了七天，海门没有请教罗子任何问题。突然有一次问："择善固执是什么意思啊?"近溪说："你七天没有启请，心中突然觉得有一善，想要问明，所以你来问了我一个问题，你这个问问题的行为就是择善。你就择取这善，一直保持着就好。"从此以后，海门便有所领悟。罗子曾经给海门看《法苑珠林》，海门看了一两页，有点感觉，就想要说。罗子不让他说，让他带着这个感受，姑且往下看。这就是择取一个善，并且在心中一直执守之。

海门的问题是，如何择善。罗子则告诉他，你现在的行为就是在择善，你不用向外求，你就体会一下当下的状态，你当下就是择善。你不要问"择善"，你只去感受自己"择当下这个善"就好。罗子这样一点拨，海门当即领悟。海门领悟到的并非是择善固执的意思，而是经典在自己身上发生反应的一种全新的方式。他当下感受到经典在自己身上的巨大力道!

海门看了一两页书，便要说，这就是择善而未能固执。

罗子让他不说话，且看过去，即是在指点他择善固执。海门这么做以后，能体会到择善固执是如何在生命中发生作用，而不是在知识、理论、概念上做种种无用功。

第二讲

立本安身[①]

要做泰州学派的功夫，首先须了解什么是"身"。心斋说："立本，安身也。"安身是做一切功夫的根本。在学心斋的时候，对"身"没有准确的把握，会造成实践上的巨大偏差，不可不慎！

一、万物一身

万物一体，是宋明理学十分强调的思想。其实说它是一种"思想"，这就有点问题。听到这句话的人，会把万物一体理解成某种"知识"，而不是一种切身感受。在讲学的过程中，有一类人。这一类人，他听到万物一体是儒家的一个共识，他就记下来了，至于什么是万物一体，他脑子

---

① 标题又写作：立本安身（功夫前的准备）。

里没有清晰的体会。他就是这样学了成千上万种概念，这些概念，A和B，B和C，C和D……彼此之间有各种各样的关联。他熟悉了这个关联。这些概念之间的关联给他一种什么都理解了的错觉。他就像一只蜘蛛，在一个杯子的杯口织出了一张细密的网。整杯水都在蜘蛛网的笼罩之下。他十分得意，认为整杯水他都了解——蜘蛛网结得越密集，他就越觉得了解。其实，这杯水根本不是他想象的那个味道。

第一章，我们讲，学心斋的时候一定不能有太多的意见，太多的概念思维，太多的矜持心。我们不要在自己前进的道路上结满蜘蛛网。学心斋，重在体会，感受。

万物一体，固然是宋明理学十分强调的思想，但它更是一代代儒者通过自己的人生实践得到的一种体会，一种活着的基本感受。

宋代的明道先生讲，"仁者，以天地万物为一体"，"识得此理，以诚敬存之而已"。儒者讲的仁，也就是己身和万物为一体的感受，体会到了这个感受，在心中诚敬地存养它便可。

心斋先生，把这个万物一体的感受称作万物一身。万物是一体，那就没有万物，只有这一个大物。这个大物，就像一棵树一样，有根本，有枝叶。这个大物的根本，只在我身上。

所以心斋认为：身心家国天下，一身也。吾身为本，家国天下为末。

我们试着来感受一下这句话。夫妻之间吵架，我是丈夫，我觉得妻子太固执，我明明是一片好意，给妻子说一些生活中的经验，妻子不但不领情，还不停地反驳。她越反驳，我就越觉得她固执。我心中想，如果她不这么固执，这事情也就很顺畅了。这是我们生活中常常发生的片段，这种生活方式，就是没有体会到家人和自己是一身。要体会万物一身，首先须体会到家人和自己是一身。

心斋说："人不信我，必有我不信处。"妻子不能接受我的建议，这就是"人不信我"。这时候，我们就要回到自己身上来，想一想，我在给妻子提出建议的时候，发心是否是纯正的。你跟妻子说："我让你多加一件衣服，今天很冷，你就是不听，你看你感冒了，明天加班，你怎么办？"这样的言辞，除了对妻子的关心，还有另外的一层意思——你要听我的，你总是自以为是，不听人说，你看，感冒了吧？这层意思是很不对的。妻子感冒了，明天还要工作，都到了这个时候，我心中居然还有借此机会树立威信的念头，这真是麻木不仁！这是太过自私了，凡事想着自己，而没有真实地想着别人，而且还做出一副全身心为别人考虑的姿态。这一点，是很让妻子反感的。妻子自然会很排斥。

我们要时不时地体会这些事情，去体会身边的人，父母，妻儿，他们的一举一动，常常是和我们的身心状态联系在一起的。她的固执、急躁，在我这里一定有其根源。体会到这个"本在吾身"，就是往万物一体的感受上进了一步。在一家，体会到吾身为一家之本。家人的一些身心问题，其实都是可以从我这里为起点，慢慢扭转的。当然，可能要十年，可能要二十年，扭转的过程是相当漫长的。但是吾人首先要体会到家人的根子在我身上。就像此刻雾霾背后的星空，那些星星，你直接看去，彼此是不相关的，但如果看了一整夜，就知道满天繁星都在绕着北天极转动。（《论语》讲："北辰居其所而众星拱之。"）我们直接看过去，家人是家人，自身是自身，家人和自身是不相关的。可是我们长久地看下去，不带着成见地、心平气和地看下去，就会发现，家人跟我们是连着的。如果我们站稳脚跟，立定根基，家人是会在我们的带动下旋转起来的。就像揭开锅盖，我们自身就是那个锅盖的把柄。就像开门，全家人就是一扇门，我们自身就是门把手。心斋说，立得我们的身，作为家国天下的根本，那么就能"主宰天地，斡旋造化"。在一家，我们是一家的根本；在一国，我们是一国的根本；在天下，我们是天下的根本。这是儒家修身齐家治国平天下的一条大路，一条坦途。一切功夫，都可以在这条大路上找到对应。而一切功夫的前提，就是体会到这个"身"，真实地去体验"天地万物依于己，不以己依于天地万物"（心斋）。

诸生问"格物"中"格"字的意思，心斋有一段语录：修身，立本也。立本，安身也。安身以安家而家齐，安身以安国而国治，安身以安天下而天下平也。故曰，修己以

安人，修己以安百姓，修其身而天下平。不知安身，便去
干天下国家事，是之为失本。

愚按：

格物，这是《大学》提出的儒门修行的一个功夫。历
代儒者，尤其是宋代以来的儒者，十分看重它。心斋认为，
格就是一种"絜度"。一庵称之为"格度体验"。心斋有个
比方，这个格，就像个矩尺（我们可想象成直角三角尺）。
木匠做桌子，就拿这个矩尺去锯木头。最后桌子做出来
了——歪的！不是长方形，而是个不规则的四边形。你能
怪桌子吗？问题不在桌子，而在于你用的矩尺不方。我们
自身就是一个矩尺，家国天下就是方桌。譬如在家里，家
人言行举止有问题，不方，那还是矩尺不正。我们要在这
种家庭生活中，在生命实践中体会到自身和外部的一体相
关的联系。（心斋："吾身犹矩，天下国家犹方，天下国家
不方，还是吾身不方。"）前文举的例子，妻子固执，她固
执的行为，其主宰者、发动者，可能在我身上，能体会到
这一点"关联"，就是格，就是"格度体验"。

物，也就是前文所说的万物一体之大物。格物，就是
格度体验到身心家国天下是一个整体，一个血脉相连的整
体，是一个大物。这个大物有根本，有枝叶。心斋说，《大
学》"格物"的物，也就是《大学》"物有本末"的物，而
物之本在吾身，末在家国天下。心斋的格物说，也就是淮
南格物说，格物二字，即是这个体验，也就是明道先生所

说的"识仁"。

翻译上段：

修身，就是立本。立本，就是安身。凭借安身来安家，就能做到齐家；凭借安身来安国，就能做到国治；凭借安身来安天下，就能做到天下平。所以，在《论语》里面，子路问孔子怎么做君子。孔子说："以诚敬来修己身。"子路问："这就够了吗？"（恐怕还不够吧？）孔子说："修己身达到安顿好别人的效果。"子路问："这就够了吗？"（恐怕还不够吧？）孔子说："去修己身就好了，己身修好了，可以安定天下的老百姓。这一点，不要说你了，也许尧舜这样的圣人也还不能十全十美。"（子路问君子。子曰："修己以敬。"曰："如斯而已乎？"曰："修己以安人。"曰："如斯而已乎？"曰："修己以安百姓。修己以安百姓，尧舜其犹病诸？"）

不知道安己身，就想着要去干天下大事，这就是失了根本。

二、安身是返回自身

前面说到，要真实地感受到身和家国天下的一体关系。这个感受，不是人为创造出来的一种感受，而是人与生俱来的一种感受。反倒是因为人各种各样的安排、造作，这种感受才日渐消失。

心斋常常引用经典里关于鸟的例子，来指点出安身本是人自然而然就能做到的。之所以觉得难以做到，那是因为社会生活使得我们迷失了真实的自我，失去了赤子之心。现在，我们要通过一些儒门的修身功夫，回到那个状态中。

心斋："自天子以至于庶人，壹是皆以修身为本。"修身，立本也；立本，安身也。引《诗》释"止至善"，曰"缗蛮黄鸟，止于丘隅"，知所以安身也。孔子叹曰："于止，知其所止，可以人而不如鸟乎?"要在知安身也。

《大学》中讲"从天子到普通老百姓，都是把修身当作根本"。修身，可以树立人生的根本；树立了人生的根本，就是安顿人生。《大学》接着引用《诗经》中"缗蛮黄鸟，止于丘隅"这句诗，来解释"止至善"，这就是要我们知道靠什么来安身。你看，那叽叽喳喳的黄鸟，它们一飞，一停，没怎么费事，就稳稳妥妥地停在了一座山丘的一个小小的角落上。它多扑棱一下翅膀，可能都得摔了。古人对此十分震撼，所以写进了诗里。孔子也十分感慨，他说："在止于至善这件事情上，知道停止在什么地方，鸟都做得这么精妙，人难道比不上鸟吗?"人和鸟，其实是一样的。天地造化出万物，给万物都有一个很好的安顿。鸟儿在飞的时候，没有什么私心杂念，所以十分精妙地止于至善之地。人平日里各种私心杂念，憧憧往来，有的时候，在人行道上走路，想着年终奖的事情，哐当一声，撞上电线杆了。人难道没有能力在有电线杆的路上"安身"吗? 人有这个能力，只是各种事情扰乱了自己，以至于对生命缺乏一个整全的把握。

所以，我们说安身，不是把人生安顿到一个创造出来的地方，而是安顿到原本就有的地方。用阳明先生的话，即是安顿在良知上。这个良知，出自《孟子》中的"不虑而知，不学而能"，这个良知，你摸摸自己的心口就知道，不用考虑就知道，不用学习就有这个能力。我们如果真能体会到这个良知，那我们依照心中本有的这个良知去做事情，就好了，并不需要借助外力。心斋说的安身，也就是反身，返回自身。孟子说："万物皆备于我矣，反身而诚，乐莫大焉。"安身，即是返回到这里。

心斋常引的另一个关于鸟的例子出自《论语》。《论语》说山梁之雌雉，这些鸟，它们一抬头，翅膀一扑，腾空而举，接着在空中翱翔，而后稳稳停下来。（"色斯举矣，翔而后集。"）这一切都是如此精妙，一点窒碍都没有。所以孔子感叹道："时哉！时哉！"

所以，安身不是那么难，常人往往有那么一些瞬间，做事情很有状态，很带劲，能体会到安身的那种美妙感受，但不能时时如此。心斋曾经指着一旁砍树的人，和弟子说："他没有做儒家的功夫，砍树也砍得非常好。"这就是在指点弟子，做功夫不是可以去追求个东西，只是返回自身，回到本心。这个东西，你告诉老百姓，老百姓能明白，而且他们也常常能做到。

《中庸》："君子之道费而隐。夫妇之愚，可以与知焉，及其至也，虽圣人亦有所不知焉。夫妇之不肖，可以能行焉，及其至也，虽圣人亦有所不能焉。"

君子之道，十分广大，又十分隐微。这些东西，你告诉愚夫愚妇，他们也能知道，也能做到，但是到了极致精微处，圣人也有不能知道、不能做到的地方。安身，返回自身，便是如此。

心斋通过鸟的例子，给我们指明了功夫的方向。我们朝着这个方向走，就上了一条大路，搭上了通往春天的列车。具体如何反身，心斋有十分详尽的功夫指导，这也是本书的核心内容。目前，我们须在日常生活中格度体验吾身和家国天下的一体关系，感受一种安身的可能性。

三、安身与通气

猫头鹰看到一只田鼠，便俯身冲下去捕捉。整个过程是一气呵成的。在它俯冲的时候，总会做各种微调，比如根据风向微微侧身，比如临时闪开一段细长的枝条。这些微调，并不会影响它这个行为的主要方向。《孟子》："先立乎其大者，则其小者弗能夺也。"安身也是如此，先要知道轻重，先要把握大端。

如今是个巨变的时代，这个时代，父母在信息获取上常常不如子女。老人到了菜市场，看到有小商贩卖不粘锅，说这个不粘锅节能环保，有益健康，对高血压、糖尿病都有好处。关键还便宜！商场卖888，超市卖288，今天厂家直销，回馈客户，只卖188元。许多老人，生活比较单调，全部身心都放在子女身上。但是子女生活又很不错，基本不需要老人帮衬太多。这时候，老人一听这吆喝，就想要买了。其中固然有诸多私心，比如贪图便宜。但这件事根本的基调，还是父母对子女积攒已久的这个深情。188元的锅子，让这个深情得到了一个抒发的通道。

老人把锅子买回家了。子女一看，不高兴了，责备老人尽是买这些东西。你看看网上，这个牌子的锅，才卖88，还包邮。老人只好认错呀，因为确实买贵了。久而久之，老人就觉得子女嫌弃自己，也变得患得患失。子女觉得自己侍奉父母尽心尽力，有点钱都想给父母买点什么东西，可是父母就是顽固不通，也不大领情。如此一来，家人之间就不通气了。小时候孩子离不开父母，父母离不开孩子，疼在子女身，痛在父母心。这就是家庭的畅通。如今，家庭之中，人情阻塞，就像血液不通畅，经脉不通畅，各种疾病就产生了。

这样的事情，我们需要知道轻重。从人的一生来看，多花了100块钱，这实在是太微不足道了。而父母对子女的深情，这实在让人不忍伤害！前两年，有个电视广告。一个老人，得了老年痴呆症，什么都不记得了。有一次和家人吃饭，他就把水饺往口袋里装，嘴里念叨："我儿子爱吃这个，这个给我儿子吃。"他儿子就坐在他旁边，他已经痴呆得认不出来了。这个广告十分动人。父母对子女的这份真心，子女竟然因为多花了点钱，就完全忽略。子女的脑子全都钻进知识、意见、概念中，对更加根本的亲子之间的孝慈完全无视。这就是对身的体会出现了严重的偏差。

我们这个时代，是急速变化的时代，吾人常被一些枝节末端的东西所控制，失掉了对人性最根本的事情的体会。心斋告诉吾人立本安身，吾人首先要真实地感受身在家国天下中的位置。这个感受真实了，我们的身体就通畅了，这个感受被阻碍了，我们就麻木不仁。程子讲"切脉体仁"，我们摸摸自己的脉搏，它一刻不停地跳动。父母与子女之间的孝慈也是一刻不停地跳动。程子又有个说法"医书言手足痿痹为不仁"，我们有时候，蹲厕所看手机，腿就麻了。其实我们早就麻了，只是先前没有意识到。孝慈也是一样，很多时候麻木了，但是没有意识到。一旦意识到，已经积累了很多问题了，气息已经阻塞不通了。

安身的人，气息是通畅的。这个贯穿整个家庭乃至整个天地的东西，就是一个字："仁。"春生夏长秋收冬藏，都是这个"仁"在不同情景中的展开。这个仁，在孩子身上就是孝，在父母身上就是慈。这个仁，在天地万物上开显，天地万物整个在一团气息中，在一个大身体中。这个大身体是生生不息的，它最大的特征就是"乾乾"。《易》说："乾道变化，各正性命。"万物都在一身之中，都共同浸润在这个"仁体"之中，同时，仁体在万物上开显的形式又各不相同。这一点，可以先提出来。通过日后泰州学派的功夫实践，这一点会越来越真切。

这个仁体，这个生生不息的乾道，就像是一条地下河。这条地下河的上方，有若干口井。我们每个人，都是一口井，生生不息的仁体，会在每个井口里"发窍"，地下水会从井口出来。这个发窍的仁体，也就是前文所说的良知。

吾人私欲少时，矜持心小时，一言一行，都是这个良知发出的。我们的气息是通畅的，身是安顿。反之，井口堵住了，身不安，天地万物和己身的交往都会出问题。更加重要的是，这个仁体，是万物，包括人生命力量的根源。井口堵住了，人会觉得虚无，生命缺乏力量。

一位学习心斋的朋友，自述教育子女的失误。这位朋友是知识分子，他教育小孩的时候，学了许多教育学、心理学的方法。他根据各种各样的方法，培养小孩子的品性、才华。他对自己要求十分严格，在孩子面前，再怎么急躁，也要作出一副不急不躁的样子，再怎么愤怒，也要作出一副温文尔雅的样子。这位学友希望通过这种方式熏陶孩子。

孩子其实是十分敏感的。他能感受到，你这副温文尔雅的模样背后，可能在压着怒气。他能感受到父母对自己刻意的"安排"。这并不能真正让孩子感受到温文尔雅的价值，只会让孩子觉得，父母想让他变成那个样子。更加严重的是，孩子没有感受到父母对自己真实的、本能的、充沛的爱。父母是非常爱孩子的，可这种爱的方式，阻隔了真情的流通。

现在孩子上初中了，觉得人生没有什么意义，人死了之后都一样。孩子不知道为什么要活着。这把父母吓坏了。

　　这就是没有安身，天地间的生意（即仁体）阻绝的结果。父母对子女的安排，固然不可尽非，但这个安排不能阻断仁体流行。仁体流行是最根本的。一个患得患失的妈妈，她爱孩子的时候，一定带着她患得患失的特征。孩子也一定患得患失。这个是一时没法改变的。真要改变，只有父母去修身，去变化自己的气质。自己强行作出一副干脆果断的模样给孩子看，孩子能感受到这种刻意的安排，也不会从心底去向往这种人生模式。

　　而这个患得患失能不能改变呢？当然可以改变。变化气质，本身就是做功夫的目的。但是这绝对不是做功夫的方式。你越是要改变气质（不管是要求自己还是要求孩子），越是改变不了。要自己一下变好，这是要做圣人的欲望；要孩子做好，这是求全责备的欲望。有这个欲望，从这个欲望出发，结出的果实一定是恶果。如何改变气质呢？这个过程充满着快乐。我们耐心地学习心斋的功夫，自能知道道路。但这里，我们先要看到问题，先要去感受，体验到身（包括家国天下，首先是家）的不通气之处。真实感受到问题所在，以后做功夫，始能一步一步，笃实前行。

四、定静安虑得

　　反身，反己，在心斋这里，不是自我批评，而是返回自身，返回本己。身心家国天下是个大身体，这个大身体的根子在我身上。所以反身首先是返回吾身。在本（自己）上求，不在末（别人）上求。

《大学》开篇："大学之道，在明明德，在亲民，在止于至善。知止而后有定，定而后能静，静而后能安，安而后能虑，虑而后能得。"定静安虑得，是儒门重要的功夫。心斋对此有个十分特别而精密的阐释。我们可以通过这个阐释，来理解何为真实的安身，何为真实的止于至善。

一位女性广告设计师，她在单位和同事吵架了。回到家，问问自己，是不是定下来了。她也许说，我定下来了，不是气得面红耳赤了。但这在心斋看来，还不是定。心斋的定是"不求于末"（己身为本）。你跟同事吵架了，即便是她错了，你也应当了解，在那个时候，不管怎样和她争论，她都不会改变主意，那都是些意气之争。你要从自己身上找原因。不求于末，求诸本心，这个是心斋说的定。这个"定"，是每个人回家都能拿去检省自己的。

而"静"呢？你确实已经做到了定，已经不在心里责备那位同事，而是反省自己。这个时候你丈夫碰碎了一个杯子，你的气就不打一处来了。你平常不是这样的，现在这样，显然是受到吵架一事的影响。心斋讲"万物不能挠己"，这个是静。

如果这个女设计师已然做到静了，她不再埋怨同事，也不再被他事轻易扰乱心境。她一个人在家里坐着，悠闲无事地看着肥皂剧。这个还不是安。因为真正安，是安于乾道。心斋讲"首出庶物，至尊至贵，安也"，首出庶物就是《易》里面的乾道。乾道刚健有力，生生不息。如果你真的没有被同事干扰，你的心应该是安顿在乾道上。这个时候，你一定充满活力，把剩下的设计图画好。

当然，这个女设计师，吵完架回家，可能就在画设计图，也没有想过一点吵架的事情。但她画图的时候，不似从前，灵光四射，充满想象力。这个就没有做到"虑"。心斋解释虑说"知几先见，精义入神，仕止久速，变通趋时"，因为真正做到安于乾道，一定充满创造力，灵光四射。

而"得"呢？如果你真能做到定静安虑了，那么吵架这件事情随即转化成你生命中的一个正向的力量。如果第二天上班，你能坦然面对那位同事，并且觉得你生活中的一切都井然有序，那就是得了。如前文所说，就像一只鸟，一抬头，一飞，一停，一切都恰到好处。鸟能在世上安身，如同人在世上安身。"缗蛮黄鸟，止于丘隅"，鸟落在丘隅上，多十公分，少十公分，都可能摔倒。可是鸟没有私心杂念，"色斯举矣，翔而后集"，一飞一停，一切自自然然，恰到好处。这就是"得"！

按照心斋这个说法，你若没有做到得，说明那个虑只是光景假象。如果没有做到虑，那么安只是假安，没有真的安于乾道。如果没有做到安，那么静也是假的静，你在潜意识里还是被外物所挠扰。如果没有做到静，那么定也只是表象。

所以这个定静安虑得，心斋讲得极好，极其严密。语录只记了几句话，我们读书时如能通俗地、生动地把定静安虑得讲出来，即便是中学毕业生，他们也能对照自己的生活，反思自己。这些道理，我们读中哲专业的，可能还没有一个水果小贩理解得深刻，因为他们可能对生活的体会更深。

我节录心斋的话，整理出一个表格，学友们可以常常拿来自省：

定	不求于末
静	不能挠己
安	首出庶物
虑	精义入神
得	缗蛮黄鸟

这个表，只是在茶余饭后，对照自己的身心，了解自己的状况，体会何为万物一身。这个表不能当饭吃。比如，我感受到我的日常生活中，常常是做不到静的。做不到就是做不到。怎么做到呢？那就需要接下来的功夫。我们目前有这个体会即可。定静安虑得只是给我们的功夫指明一个方向，还不是具体的转化人生的方法。我们带着这个方向，带着定静安虑得的视野，继续跟着心斋走便是。

五、安身的效验

真的安身，真的通气之后，人应对事情会变得截然不同。比如面对梦境，有的人，梦到地震了，天塌下来了，或者在梦中受到惊吓甚至惊醒，或者在梦中奔走呼号。而心斋遇到这样的梦，则是只手托天。

心斋有很长时间的修身实践。到了二十七岁，心斋"夜以继日，寒暑无间"地体仁。如此经过两年，到了二十九岁，心斋在梦中真切地体会到了"万物一身"：

一夕，梦天坠，万人奔号，先生独奋臂托天起，又见日月列宿失次，手自整布如故，万人欢舞拜谢。醒则汗溢如雨，顿觉心体洞彻，而万物一体、宇宙在我之念益切，因题其壁曰："正德六年间，居仁三月半。"（《年谱》）

一天晚上，心斋梦到天塌下来，千万人奔走哀号。心斋先生见此，奋臂把天举起来。又看到日月、星宿，都乱套了，于是亲手整理，让它们按照往常的方式运行。千万人欢欣鼓舞，拜谢心斋。心斋醒来，挥汗如雨，顿时觉得心体透彻。而且，万物一体，宇宙在我，这些感受更加真切。于是心斋在墙上题写："正德六年间，居仁三月半。"

心斋先生，三个半月，终日只是发挥仁体，没有丝毫人欲掺杂。这样的心境，睡梦中，忽有一个感触，产生了天塌下来的梦境。在这个梦境中，仁心发用，没有丝毫闪躲犹豫，只手承当。

正是这个体验，让他真实地感受到了身心家国天下一体之"大身"是如何发用的。

自此以后，心斋先生的动静语默，都在这个本体之中。他对人的爱，是发自这个本体，这个爱发出去，人人都能感受到这真爱，于是人人爱之。他对人的信，也是发自这个本体，所以人人信之。所以，很多事情，别人做不了，心斋却能很轻易地做到。

时诸弟毕婚，诸妇妆奁厚薄不等，有以为言者。先生一日奉亲坐堂上，焚香座前，召昆弟诫曰："家人离，起于财务不均。"令各出所有，置庭中，错综归之，家众贴然。（《年谱》）

心斋先生三十四岁的时候，各位兄弟都结婚了，可是诸位新娘的嫁妆却厚薄不均。你觉得你吃亏，我觉得我吃亏。就这样，家人有了一些是非。心斋先生知道这个情况，有一天便把父亲守庵公奉在堂上，在父亲座前焚香，把众兄弟叫过来，告诫他们说："家人的疏离，从财不均开始。"心斋让众兄弟把自家的财产都拿出来，心斋自己去分配，大家都心服口服。

这样的事情，能做成，实在是太不一般了。这样的事情也就心斋可以做到，换个人，哪怕分配财务比心斋分配得公平，都做不成。心斋在和家人长期的相处过程中，一言一行，皆从天理良知上发出，没有一毫人欲之私。所以他做出的安排，在家人之间不会受到任何质疑，没有人觉得他会跟别人串通好，欺瞒自己。即便重新分配的时候，可能让一些人吃亏，但大家就是完全不生怨怼。这就是心斋所说的"安身以安家则家齐""信人直到人亦信"。

不仅在家中如此，在乡民中亦如此。心斋生前，安丰一带民风彪悍。安丰有许多草荡，土地歪歪斜斜，民众常常因为争夺田产发生争斗。均分草荡、平息争斗的事情，地方官员无能为力。而心斋，因为立本安身，在乡民中有极强的人格感召力，因此能把田地分好，而且上百年都没有变动。心斋可以把这件事情做成，不在于他分得多么公平，只在他的立本安身上。心斋在《均分草荡议》中说，他把土地分成若干块，并且根据土地的好坏分给众人，可能给一些人分10块，可能给一些人分15块，可能给一些人分20块。这种分法，完全依赖乡民对心斋的尊信。经过这一变化，安丰一带，流民遂减少很多，社会治安、社会生产、社会风化皆有极大的改善。这即是心斋常常引用的"身安而国家可保也""利用安身"（《易》）。

以上是心斋立本安身的一些事情。了解这些事情，我们立本安身的功夫并不会有什么变化。但这个道路，五百年前有人走过，脚印还在。我们如今再走，可以循着先儒的脚印，可以有一点亲切踏实的感觉。

36

第三讲

见善体仁①

　　上一章，交代了一条基本的道路。怎么走上这条路，并没有说。怎么走上这条路，这里面有许多功夫。这些功夫有很多层次，要一步一步学。如果我还没有学好第一层，就要去看第二层的功夫，那我看的东西和自己的内心一定是无法契合的。有的时候，明明心里没有契合第二层，却硬是装出一副契合的样子，这就产生了光景假象。这样子，功夫就做不下去了，读书纯粹是捕风捉影，满足虚荣心。所以，往后的文字，读者一定要慢慢体会。

　　心斋的功夫，十分严密。但目前，我觉得不宜立刻给出一个框架，一个表格。我们还是一个功夫一个功夫去体会。等到所有的功夫都讲完了，我们再整体地阐述一下各个功夫之间的关联。（其实，如果真能一个功夫一个功夫去体会，去实践，在这个过程中一定早已明白整个功夫架

① 标题又写作：淮南格物说第一套功夫（格物）之一——见善体仁。

构了。)

这一章,我们讲第一类功夫,格物。

上一章我们已经清楚,格物的物也就是万物一体的物。这个万物一体之大物,其根本在我身上。而格呢,则是通过我们的身心实践,去真实地体验这个"本在吾身"。而本章,则会给出几种格度体验到本在吾身的第一种方法——见善体仁。

一、见善功夫简述

上章说,很多人不通气,感受不到仁体,他就觉得空虚了。小孩子,上初二了,有一次考试没考好。他突然想,人活着有什么意义,索性结束生命,省得被责备,还可以给父母最有力的回击。这么一想,就跳楼了。这样的新闻,今年有好几起,让人哀痛。或许是由于教育不当,这些小孩感受不到父母以至于天地万物对自己的深重恩情,人生十分单薄,轻视生死。

心斋的儿子东厓有一段话:

> 人之生也,天地以覆载,万物以供拥。冬而帛,而不知其寒;夏而葛,而不知其暑。粒为饱,而室为居。既安以嬉,又鼾以寝。使不知其所以为人,则亦负所生也已矣!

人生下来，天覆盖着，地承载着，万物都提供给他，簇拥着他。冬天他有帛衣穿，就不知道冷了；夏天他有葛衣穿，就不知道热了。有饭给他吃饱，有房子给他住。他很安心啊，常常是愉快的状态。他睡得很舒泰，打着鼾。要是他不知道自己何以为人，不知道天地万物对他的恩情，他真是辜负上天把他化育了出来。

东厓的生命是充满着正面能量的。他一举一动，都带着天地万物的恩情。所以，他总是充满力量的。他能见到天地万物的善意。

我们要有一个见善的意识。

罗近溪是泰州学派极为重要的传人。他有一句话很直接：反思一下我们一天的心灵状况，如果好善多于恶恶，我们就是君子，我们的功夫修养就不错；如果恶恶多于好善，我们就是小人，我们的功夫修养就很糟糕。

所谓好善，就是看到别人的善意，心中生起由衷的欢喜。所谓恶（wù）恶（è），就是看到别人的恶行，心中生起由衷的厌恶。不管是好善，还是恶恶，都是好的。但是，这个世界不至于那么糟糕，人心的底子还是善的。很多人对我的善意，我视而不见，我没有回应，心中也没有喜悦和感激。这就是气息不通，仁体不行。其实都是私欲障蔽了自己。而看到邪恶，我们有的时候是真的讨厌；有的时候，则可能是别人投机取巧，拿了年终奖了，我没有拿到，我心中不平。很多时候，我们厌恶邪恶的东西，其动机不纯，但我们下意识地自我辩解，把自己认定为发心纯正，我们的恶恶也因此变得理直气壮。因为这种自我辩护（也就是矜持心），我们恶恶变得越来越频繁，而别人对我们的善意，我们却毫无察觉。

有的学友跟我说，我做了一段时间功夫，觉得自己的心性越来越好了，越来越像个君子了。但我觉得家人越来越暴躁、乖戾，做事情越来越差劲了。

一般有了这种感受，功夫一定做偏了。很多人，儒学学得越多，功夫做得越多，就越能在概念上或者体验上给自己种种支撑，把自己搞得像个君子一样。越看自己越顺眼，越看别人越不顺眼。一天天地，好善的时候越来越少，愤世嫉俗的时候越来越多。这就出了大问题，这时候不能再按照原来的方式学习了。如果继续如此，心量一定会越来越小，人生的道路一定会越来越狭窄，以至于终身沉沦，没有出头之日。

东厓："既老，憩还于故里，所为怀则乐道善言，乐闻善事，乐见善人。"（《自贺六十寿》）

我老了，回到故里休息。我喜欢说善的言论，听善的事迹，见善的人，我以此为怀。

一庵："自责自修，学之至要。今人详于责人，只为见其有不是处。不知为子而见父母不是，子职必不共；为臣而见君上不是，臣职必不尽。他如处兄弟、交朋友、畜妻子，苟徒见其不是，则自治已疏，动气作疑，自生障碍，几何不同归于不是哉？有志于为己者，一切不见人之不是，然后能成就自家一个是。"

在自己身上求个完善而不去责人，自修而不去要求别人，这是学习至关重要的地方。当今的人，在责人这件事情上做得十分详尽，只是因为看到别人有不对的地方。他们不知道，儿子看到父母不是，那做儿子的职责一定没有尽到。臣子看到君上的不是，那臣子的职分一定没尽到。其他的，比如和兄弟相处、和朋友交往、养育妻儿，如果我们只看到别人的不是，则已经疏忽自修了，常常动了气，容易怀疑别人，自己给自己生出许多障碍，这难道不是和别人一同归于不是吗？有志于为己之学（自修自责）的人，一切事情都看不到别人的不是，只有这样，最终才能成就自己的一个"是"。

一庵："古人好善恶恶，皆在己身上做功夫；今人好善恶恶，皆在人身上作障碍。"

古人好善也好，恶恶也好，都是在自己身上下功夫。现在的人，好善恶恶，常常是从别人身上出发，不知道反己，因而都是在生起障碍。

见善这一点，心斋先生做到了极致。

心斋先生"见满大街都是圣人"。这个见满大街都是圣人，不是说满大街人都到了圣人的修养，而是心斋特别能看到别人身上的善，并且成就这个善。心斋说："善者嘉之，其善日增；恶者容之，其恶日化。"心斋见到善，不是出于一颗评判的心——这个是好人，这个是坏人，心斋是出自一颗成就他人的心，也就是仁心。所以他好善也是去成就别人的善，恶恶也是为了成就别人。《论语》说："唯仁者能好人，能恶人。"仁者的好善恶恶，才是真实的，有意义的。否则，你要知道一个人是好，是坏，有什么用呢？方便我们去算计他们吗？一庵先生说"古人好善恶恶，皆在己身上做功夫；今人好善恶恶，皆在人身上作障碍"，也是这个意思。

心斋的学生说："先生每论世道，便谓自家有愧。"菜市场卖菜的人短斤少两——我讲学还讲得不够啊，没有尽力感化他。这就是心斋只见人之善，不见人之恶。这也正是一庵所说的"一切不见人之不是，然后能成就自家一个是"之真实写照。

二、见善功夫的具体操作

回到功夫实践上，我们如何才能见善呢？我见不了善啊，我就是容易愤世嫉俗啊，怎么做呢？

见善需要长期的功夫，不是想要见善就能见善的。见善需要一颗活泼泼的心，一颗通畅的心，一颗能感受到他人生命的心。这颗心，对常人来说，不是那么容易获得的。

我们千万不能心里想着，我要去见善了，就跑到大街上去见善。你可以试试，这样即便见到一些善，这个见善也不产生多大的能量，基本上不可能震撼到自己，不可能触动自己。而且，这样做功夫，是急功近利的做法，目的就是为了把自己变好，这是一种欲望。心斋说："只心有所向便是欲，有所见便是妄。"由这个动机出发，不会有什么好结果。

所以见善的功夫，一定是要外在的机缘触发才行。比如，今天下班没有堵车，很快就到家了，今天丈夫和孩子去乡下，也不用做饭了，自己就叫了外卖，很快吃完了。这时候，突然多出两个小时的闲暇时间，你就可以想想白天发生的一些事情。很多事情，原先自己忽略了，这时候一想，其中有别人满满的善意啊！

我们泰东书院的学友，常常在这种时候，做一些日常生活的记录。比如上海的一位母亲，月光君：

"……以前爱人对我态度不好，为一点小事争个你对我错，谁做饭洗碗都有规定，他做不好还要受批评，双休放假总会为你做少了我做多了闹得不愉快。

"现在我一边做家务，一边听书，他爱做不做，反倒主动要求我分配事情。上周主动帮我吹头发，虽然手法笨拙拉痛我头，但我心里美滋滋。有时对一件事的看法不一致，也不像之前偏要争辩，我会主动让步，事后再慢慢交流，等大家冷静下来后问题其实很明白。他偶尔会夸一下，我反倒说是他教训得好。以前总觉得他下班后，不是沙发便是床，没好好坐在桌前看一页书，从心底对他不满，其实我晚上拿起书就困，也读没多少书。

"每天上班看到门卫很热情打声招呼，他们主动开大门让我进出，其实有个小门可以走的，有时离很远，他们已启动大门。同事来我处办事，随时放下手中的活，给他们事办完再做自己事。以前总有一想法，等我手上事做好再给你们做，摆摆架子，体现自己存在感，不过比起其他同事，我只是做好手上事便给人家做的，有些人手上没活也不给人家做，一拖再拖。门卫给我带来快乐，我也和同事分享快乐……"

月光君的这个体会正是见丈夫的善，见单位门卫的善。别人的善，在心中这样体会一下，便十分不同。久而久之，身心家国天下的这个大身体，其气息便会通畅。

如果我们常常如此，一旦外缘触发，心境合适，就去见善，我们就这么做一两个月，功夫就开始有新的特征了。到了那个时候，不但是别人对我们的善意，我们能完全领会到，还能够慢慢体会一庵所说的"一切不见人之不是"。

打个比方，你在景区的商店门口排队。这时候，一个老大爷冲过来，插了队。这时候，你的第一反应一定不是恶恶。你看到他那急匆匆的神情，急着要买个什么东西，别的都一概不顾。一个老人何以至此？你循着他的来路，看到一个小孩在路边放风筝。你当下就明白，这个老人是太溺爱孩子了。儒家认为世上没有根源性的恶，恶只是善的过或者不及。这个老大爷，出于对孩子的爱，知道孩子喜欢这家店里的风筝，就什么也顾不上了，顾不上其他排队的人的感受。这时候，你站在队伍里，你就充满欢喜地跟老大爷说："大爷，给小孩买风筝哪？您对孩子太好了。站我这边吧，我也不着急。"说完之后，你就站到队伍后面，重新排队了。因为你说那话的时候是满心的善意，全无一点怨怼。老大爷得到的是对陌生人的感动，他站在你原来站着的地方排队，心中不可能没有一点波澜。下次，或许老大爷不会插队了，或许他也还会插队，但他可能心中多一些忐忑，久而久之便会有所改变。这便是心斋所说的："善者嘉之，其善日增；恶者容之，其恶日化。"如果有幸，老大爷成了你的邻居，他和你抬头不见低头见，慢慢地感受到你的仁爱。这个老大爷一定变得更会为别人着想，他的气量一定会越来越大，仁心一定会越来越充足。如果仁心充足了，爱孙子也会爱得从容。这个爱不管多深，都举重若轻——因为气量大了。这便是在一切事情上见人的善，并且成就这个善。当然，这不是一下就能做到的。我们要从最基本的，从感受别人的善意做起。见善见到一切事情的根源都是善，凡事不从表面现象着手处理，而从根源处着手处理，这就是见善做到家了。

　　见善这个功夫，几乎半数的人都可以从一个角度来入手：和父母交流以通亲子之间的气息。好比说打电话吧。这个打电话，不是"要"打电话。比如，我每周六下午两点到四点给父母打电话。这是很不对的做法，也很功利。这是一种人为的安排造作。心斋先生说："凡涉人为，皆是作伪。故伪字从人从为。"（凡是涉及人为的安排，都是造作虚伪。所以伪字左边一个人字，右边一个为字。）我们要在外缘触发的时候打电话。比如最近降温，我不小心感冒了，发烧了，我不太舒服啊。我躺在沙发上，这时候完全可以给父母打个电话，和他们诉诉苦，和他们聊聊儿时的事情。这个过程是非常幸福快乐的。好多快要忘掉的，父母曾经对自己的好，全都翻出来了。一下子觉得自己太幸福了。电话那头，父母也感动得一阵酸楚。

　　或者吃饭的时候，觉得单位食堂的菜越来越不好吃了。那晚上就去父母家蹭一顿饭，聊一聊往事。这个过程能见到父母对自己巨大的恩情。很多事情，我们因麻木而未有感触的，这时候都有了感触。有感触，神情就不同，一举一动就不同，仅此，对父母就是巨大的安慰。我们的身（身心家国天下一体之大身）也更加畅通了。

　　也许以前，我们遇到这样的事情，不会想要给父母打电话，不会去父母家蹭饭。现在要做见善的功夫，就要把握这些突如其来的机缘。这些外在的机缘一撞上自己，就立刻打开心扉，接受这个机会，去见善，去体仁，去体会天地的覆载，父母的养育。每次见善的过程，都是格度体验身为本的过程。

三、《勉仁方》讲解

　　秋，八月，御史洪觉山垣来访，与论简易之道。觉山曰：“'仁者先难而后获'，其旨何也?”先生曰：“此是对樊迟语，若对颜渊，便谓'一日克己复礼，天下归仁'，却何等简易。”于是觉山请订乡约，令有司行之，乡俗为之一变。觉山为构东淘精舍数十楹，以居学者。婺源董高，丹徒朱锡，南昌喻人杰、喻人俊、罗楫来学。诸友气未相下，先生作《勉仁方》。（《年谱》）

心斋五十四岁这年的秋天八月，御史觉山先生（洪垣）来拜访心斋，与心斋论学。在一番谈论之后，觉山先生被心斋打动，请心斋订立乡约，并且让官员推行，当地的风俗因此有一大改变。觉山先生还为心斋先生构建了东淘精舍。精舍有几十间房，可以给来向心斋问学的人提供住所。之后，婺源的董高，丹徒的朱锡，南昌的喻人杰、喻人俊、罗楫等人都来学习。这些来学习的学友，常常有些争执，不能相互谦虚取益（学友相互指点，本是善意，但争论起来，往往只知道攻人之恶，不能见人之善），所以心斋先生作了《勉仁方》。

以下是勉仁方原文及讲解：

一、予幸辱诸友相爱，彼此切磋砥砺，相勉于仁，惟恐其不能迁善改过者，一体相关故也。然而不知用力之方，则有不能攻己过而惟攻人之过者，故友朋之道往往日见其疏也。是以爱人之道而反见恶于人者，不知反躬自责故也。

予将有以谕之。

1. 予幸辱诸友相爱，彼此切磋砥砺，相勉于仁，惟恐其不能迁善改过者，一体相关故也。

学友相互切磋，指出对方的错误，这原本是因为大家是一体相关的，别人有问题，我也觉得有亏欠呀，希望成就别人。大家相互切磋勉励，出于这个万物一体之仁。

2. 然而不知用力之方，则有不能攻己过而惟攻人之过者，故友朋之道往往日见其疏也。

但是人常常不知道怎么去相互勉励，常常因为自我维护，因为私欲，较多地攻击别人，而较少地反己。你自己都做不到，还要求别人，别人肯定不服，相互之间演变成意气之争。

3. 是以爱人之道而反见恶于人者，不知反躬自责故也。予将有以谕之。

本来是爱人的，结果招人讨厌了，这是因为不知道反己。我接下来就要告诉大家反己的事情。

附泰东书院学友的讨论：

杨鑫：心斋的高明是，首先从根本上看到恶背后的善，恶是善的某种异化形式。恶也是善的过与不及。

射月：原来如此，他是要发掘这个指责人而不改己过的人的善之所在，在于一体之仁，而恶却在于不注意方法，维护自己的过失。

杨鑫：所以即便是批评别人，在心斋这里都是以勉励的方式呈现的。当然，他在勉励，但有心的人听到，恐怕要面红耳赤了。但你面红耳赤，心斋还要给你信心，还要告诉你道路。

射月：当学生听了这句话，多有兴起，即学有所成。但后来有人于此欲立议论（即想总结为学术理论体系），心斋立即打断这个妄想，因为这良知无可言说，立议论即是虚说，良知经你一总结为知识，那就不是良知了，还是需要直接承当，不在言语思维中做活计。所以说学者只有两条路，一是朴实，一是议论，前者是正道，后者是邪道。

二、夫仁者爱人，信者信人，此合外内之道也。于此观之，不爱人，不仁可知矣。不信人，不信可知矣。故爱人者人恒爱之，信人者人恒信之，此感应之道也。于此观之，人不爱我，非特人之不仁，己之不仁可知矣。人不信我，非特人之不信，己之不信可知矣。君子为己之学，自修之不暇，奚暇责人哉？自修而仁矣，自修而信矣，其有不爱我信我者，是在我者行之有未深，处之有未洽耳，又何责焉？

1. 夫仁者爱人，信者信人，此合外内之道也。于此观之，不爱人，不仁可知矣。不信人，不信可知矣。

仁是内在德行，但仁者总是爱外面的其他人。信是内在德行，但信者总是对别人有信。仁和信是合内外之道的。

从这个角度来看，你要是对别人没有仁心，不爱别人，你就不仁；你要是不努力对别人有信，你就不信。

2. 故爱人者人恒爱之，信人者人恒信之，此感应之道也。

所以爱别人的人，别人也会爱他；对别人有信的人，别人也会信他。这个就是人和人感应的方式。

3. 于此观之，人不爱我，非特人之不仁，己之不仁可知矣。人不信我，非特人之不信，己之不信可知矣。

这一句很重要，意思很简单。要是别人不爱我，不要指责别人，要指责自己。人不爱我必有我不爱处。贤者争过，愚者争理。

4. 君子为己之学，自修之不暇，奚暇责人哉？自修而仁矣，自修而信矣，其有不爱我信我者，是在我者行之有未深，处之有未洽耳，又何责焉？

君子之学是为己之学，自修都来不及，哪有时间责备别人？自修使得自己仁，使得自己信，那别人就也爱我信我了。如果别人还是不爱我不信我，说明我自修得还不够，接着自修，爱人直到人亦爱，信人直到人亦信。别人不爱我不信我，是自己的问题，为什么要怪别人，这就是"壹是皆以修身为本"，不怨天，不尤人。

《论语·泰伯》："以能问于不能，以多问于寡；有若无，实若虚，犯而不校。"

犯而不校，简单地说，就是别人冒犯我，我不计较。从心斋的角度理解，别人冒犯我，必有我处之不恰之处，问题还在我身上。我们在世上生活，不能要求别人也做君子，我们只能要求自己做君子。所以要犯而不校，犯而反校诸己身。

三、故君子反求诸身，上不怨天，下不尤人，以至于颜子之犯而不校者，如此之用功也。然则予之用功，其当以颜子自望而望于诸友乎？抑不当以颜子自望而望于诸友乎？夫仁者以天地万物为一体，一物不获其所，即己之不获其所也，务使获所而后已。故人人君子，比屋可封，天地位而万物育，此予之志也。故朋之来也，予日乐之；其未来也，予日望之，此予之心也。

1. 故君子反求诸身，上不怨天，下不尤人，以至于颜子之犯而不校者，如此之用功也。

所以君子什么事情都反过来在自己身上找原因，不去抱怨我命怎么这么苦，不去抱怨别人怎么对我这么不仁不信，一直要做到颜回犯而不校的地步，君子就是要这么做功夫！

2. 然则予之用功，其当以颜子自望而望于诸友乎？抑不当以颜子自望而望于诸友乎？

　　既然如此，那么我做功夫，是应当要让自己变得像颜回那样（犯而不校），并且也希望学友像颜回那样呢？还是不应当如此呢？

　　这一句要作个说明。心斋这么说，言下之意，是要自己犯而不校，也希望学友犯而不校的。自己犯而不校是通过反身，这个前面已经说过。而让别人犯而不校呢？不是去说教，要求别人在受到冒犯的时候不去计较，而是通过自己的犯而不校，触动别人，让别人潜移默化地学你。

　　所以心斋说，"不面斥朋友之失，而以他事动其机"（不当面斥责朋友的过失，而用别的事情触动他内心的机窍）。让别人犯而不校，正是用这种潜移默化的方式。所以学生记载心斋："先生于眉睫处醒人最多。"

　　3. 夫仁者以天地万物为一体，一物不获其所，即己之不获其所也，务使获所而后已。

　　仁者是以万物为一体的。只要世上有一物不得其所，自己就不忍心。别人不获其所，其实就是自己不获其所。比如，很多人抱怨家人很自私，家人和你朝夕相处，最后搞得自己是君子，家人是小人，还抱怨家人，这多荒谬。家不齐，肯定是身不修。别人不获其所，其实也是自己不获其所。这个说起来容易，但却是体会到万物一体之仁后才能真切感受到的。别人不在天道上，不获其所怎么办？通过最方便的方式让他发明本心。

4. 故人人君子，比屋可封，天地位而万物育，此予之志也。故朋之来也，予日乐之；其未来也，予日望之，此予之心也。

所以，让人人都成为君子，几个相邻的屋子里面就有一个人有足够的德行可以分封他，让天地万物都合于天道，这就是我的志向。所以朋友来了，我每天都很高兴（可以帮他，成就他）；朋友没来，我每天都想他来，这就是我的一片真心！

四、今朋友自远方而来者，岂徒然哉？必有以也。观其离父母，别妻子，置家业，不远千里而来者，其志则大矣，其必有深望于予者也，予敢不尽其心以孤其所望乎？是在我者必有所责任矣。朋之来也，而必欲其成就，是予之本心也。而欲其速成则不达焉，必也使之明此良知之学，简易快乐，优游厌饫，日就月将，自改自化而后已。故君子之道，以人治人，改而止。其有未改，吾宁止之乎？

1. 今朋友自远方而来者，岂徒然哉？必有以也。观其离父母，别妻子，置家业，不远千里而来者，其志则大矣，其必有深望于予者也，予敢不尽其心以孤其所望乎？是在我者必有所责任矣。

而今朋友远道而来，难道是随便过来吗？一定是有原因的。看他们远离妻儿老小，不远千里而来，这个意志多强大啊！一定对我有深深的期望，希望我能教他一些东西，我怎敢不尽我所能去满足他们的心愿呢？这是我的重任。

2. 朋之来也，而必欲其成就，是予之本心也。而欲其速成则不达焉，必也使之明此良知之学，简易快乐，优游厌饫，日就月将，自改自化而后已。

朋友来了，就一定要成就他，这是我的本心。但是欲速则不达，一定要让他明白这良知之学，十分简易（"不虑而知""不学而能"），十分快乐。心斋说"不乐不是学，不学不是乐"，悠然快乐地学习，日日月月，一点一滴地变化，直到自己的人生转变得合于天道才停止。

3. 故君子之道，以人治人，改而止。其有未改，吾宁止之乎？

这是《中庸》的话，"君子之道，以人治人，改而止"，放在这一段，意思是，君子之道，要启发别人，让他良知发现，自己改正，"自改自化而后已"，如果他没有改，我就不能停止教他。这是心斋成就他人之心。

五、若夫讲说之不明，是已之责也；引导之不时，亦已之责也。见人有过而不能容，是已之过也；能容其过而不能使之改正，亦已之过也。欲物正而不先正己者，非大人之学也。故诚者非自成己而已也，所以成物也。成己，仁也；成物，智也，性之德也，合外内之道也，故时措之宜也。是故君子学不厌而教不倦者，如斯而已矣。

1. 若夫讲说之不明，是己之责也；引导之不时，亦己之责也。见人有过而不能容，是己之过也；能容其过而不能使之改正，亦己之过也。

讲学讲不清楚，是我的责任；引导人不当机，不恰到好处，也是我的责任。看到别人有过错而不能包容他（心斋说，容得天下人才能教得天下人），是我的过错；能包容他，但不能让他改正，也是我的过错。

能包容，这个是仁；能包容且能改正他，这个是智。仁且智，然后为君子。

2. 欲物正而不先正己者，非大人之学也。故诚者非自成己而已也，所以成物也。成己，仁也；成物，智也，性之德也，合外内之道也，故时措之宜也。

想要别人正，而不先正自己，这不是大人之学（全篇第一段说朋友相互讲学反而日见疏远，正是先要别人正，而不先求自己正的后果）。所以《中庸》说，诚者不是成就自己就算了，诚也是用来成就别人的。成就自己是仁，成就别人是智。仁和智是人的本性的德目，是不分内外，合内外之道的。

在成就别人的过程中，也就成就了自己的仁心。成己和成人不是两件事。明明德和亲民不是两件事。

3. 是故君子学不厌而教不倦者，如斯而已矣。

所以君子学而不厌、诲人不倦，只是像这样而已。学和教也是一回事。

《晏子春秋》里面，一个诸侯要晏子帮自己。晏子说那个诸侯的"官未具"（手下的能臣还没有齐备），所以不帮他。接着晏子举孔子为例，说孔子怠惰了，有季次、原宪服侍他；孔子气郁了，有仲由、卜商服侍他；孔子德行不足的时候，就让颜回、闵子骞、冉雍服侍他……

其实孔子的这个怠惰，是孔子自己觉得怠惰。在我们看来，孔子自己觉得的那个怠惰，根本算不上怠惰，甚至还是勤奋呢。

但是孔子自反很深刻，所以能感觉到自己的怠惰。在孔子感觉自己的德行不足时，让颜回、闵子骞、冉雍服侍自己。在这个过程中其实是在向颜回学习。因为孔子教会了颜回如何有德行，颜回用生命去实践，做到炉火纯青，反而让孔子惊讶，让孔子学习。这个是教学相长。这个过程十分愉快，完全谈不上疲倦。

六、观其汲汲皇皇，周流天下，其仁可知矣。文王小心翼翼，视民如伤，望道而未之见，其仁可知矣。尧舜兢兢业业，允执厥中，以四海困穷为己责，其仁可知矣。观夫尧舜、文王、孔子之学，其同可知矣。其位分虽有上下之殊，然其为天地立心，为生民立命，则一也。颜渊曰："舜何人也？予何人也？有为者亦若是。"吾侪其勉之乎！吾侪其勉之乎！

1. 观其汲汲皇皇，周流天下，其仁可知矣。文王小心翼翼，视民如伤，望道而未之见，其仁可知矣。

看他（孔子）十分急切，周游列国，可以看出孔子的仁心。看文王小心翼翼昭事上帝，看到老百姓有问题，就好像自己受伤了一样，就能知道文王的仁心之大。文王治理天下已经很好了，但他总用天道要求自己，总觉得自己还没有合于道，要更好，他这个仁心浩大！

2. 尧舜兢兢业业，允执厥中，以四海困穷为己责，其仁可知矣。

尧舜二位圣王，兢兢业业，心中一直持有中道，把四海之内的穷困都看成自己的责任，可以知道他们的仁心。

3. 观夫尧舜、文王、孔子之学，其同可知矣。其位分虽有上下之殊，然其为天地立心，为生民立命，则一也。

看这些圣贤的学（也就是他们的行，知行是一回事），他们的共同点是仁，就可以知道了。他们虽然地位有高下，但都在为天地立心，为生民立命，这一点是一致的。圣王行道，得君行道，觉民行道，都是为天地立心，都是为生民立命，都是此大仁心。

4. 颜渊曰："舜何人也？予何人也？有为者亦若是。"吾侪其勉之乎！吾侪其勉之乎！

颜子说：舜也是个人，我也是个人，要立志有为，就要做舜！

这样的话，各位同仁，我们当以此自勉！我们当以此
自勉！

**七、然则予之用功，其当以尧舜、文王、孔子自望而望
于诸友乎？抑不当以尧舜、文王、孔子自望而望于诸友乎？
噫，我知之矣！而今而后，予当自仁矣，予当自信矣，予
当自仁而仁于诸友矣，予当自信而信于诸友矣！然则予敢
不自用功而自弃而弃于诸友乎？予知诸友之相爱，肯不自
用功而自弃而弃予乎？故知此勉仁之方者，则必能反求诸
其身。能反求诸其身而不至于相亲相爱者，未之有也。**

1. 然则予之用功，其当以尧舜、文王、孔子自望而望
于诸友乎？抑不当以尧舜、文王、孔子自望而望于诸友乎？
噫，我知之矣！

然而，我要怎么做功夫呢？我应当做尧舜文孔的功夫
并且也希望我的朋友这么做呢？还是不应该如此？啊！我
知道答案了！

2. 而今而后，予当自仁矣，予当自信矣，予当自仁而
仁于诸友矣，予当自信而信于诸友矣！

答案就是：从今以后，我要自己求仁，求信。我要自
己求仁（也就是爱人，成就别人），并且用此仁感化朋友，
也让他仁。我要自己求信，并且以此信感化朋友，也让
他信。

3. 然则予敢不自用功而自弃而弃于诸友乎？

这句话很好。又换了一个角度。我是不敢不仁，不但是因为我要仁，更是因为朋友希望我仁，如果我不仁，我自暴自弃，这就是枉费朋友一片真心！

这一来一回，就是朋友相互勉仁。

4. 予知诸友之相爱，肯不自用功而自弃而弃予乎？

我知道诸位朋友爱我，你们也定不会不用功，而自暴自弃乃至弃我的。

5. 故知此勉仁之方者，则必能反求诸其身。能反求诸其身而不至于相亲相爱者，未之有也。

如果知道这个相互勉励求仁的方法（同时也是一剂药方），那么一定能够反求诸身。能够什么事情都反过来在自己身上求，那么一定能够相亲相爱。

这就解决了第一段提出的问题（"然而不知用力之方，则有不能攻己过而惟攻人之过者，故友朋之道往往日见其疏也。是以爱人之道而反见恶于人者，不知反躬自责故也"）。

四、小结

见善体仁都属于心斋"淮南格物说"（详见后文）中的格物功夫。格物功夫有好几个面向，后两章谈谈另外的面向。

格物就是格度体验到身心家国天下是一体的，且其根本在吾身。见善可以说是真实地把握身（而不是忽略加诸此身的种种善意），也可以说是真实地体会天地间这个仁体（而不是对此现现成成的仁体视而不见）。

见善体仁的功夫有几个要点：1. 需要外缘触发，不可有意为之。（在外援触发时，打开心扉去体会即可。）2. 因此，这个功夫不是一种常态的功夫。（可能我两三天都没有一个契机，那我也就两三天不去做。因而这个功夫只是一种辅助功夫，不是主要功夫，主要功夫，后文会介绍。）3. 这个功夫刚开始做的时候往往是事后的回忆，而不是当下的见善。（如果在做事情的同时，还有一个见善的意识，这会影响真情的流通，还会有作伪之弊。）

本章后段，我们讲解了《勉仁方》。心斋写下《勉仁方》的日子距今四百八十年整，计八个甲子。这篇文章指导我们在一群人共修共学的时候，如何见善，如何相互勉励仁心。这篇文章亦是泰东书院的根本，是书院中学友相处的原则。若在日常生活中，能有三五好友，形成一个彼此见善勉仁的群体，我们做功夫便会有根本的变化。

第四讲

反观辞气

上一章介绍了格度体验身为本的第一种方法——见善体仁。本章介绍第二种方法——反观辞气。"辞",既是辞受取与的辞,又是言辞的辞。反观辞气即是通过反观自己在日常生活中一言一行背后的动机,心体的气息,来真实地了解自己身心的状况,真实地体验己身在家国天下中的位置。

一、直心而行,无极而太极

人如果身安了,其言行举动是很不同的。

心斋:"'山梁雌雉,时哉时哉',叹其举止之得时也。'三嗅而作',是举得其时也;'翔而后集',是止得其时也。"

山梁的雌雉，孔子赞叹它"时哉！时哉！"，是赞叹它举止得其时。它叫了几声，冲天一飞，一切都恰到好处，这个是举得其时。它滑翔一会儿，停得也恰到好处，这是止得其时。

山梁雌雉，它处在一个自自然然的状态中，一切动作都十分自然，可谓"安身而后动"。它的行为很干净。所谓干净，就是不拖泥带水，不带着别的东西。它不会一边飞着，一边想鸟窝里面的蛋是不是少了一颗。

做事情直接，不拖泥带水，常人很难做到。古人说的"君子坦荡荡"，即是这种状态。《周易》里讲"君子居易以俟命"，君子居心是非常简单的，一举一动都是由这个简单干脆的心发出来。这个心，就是良知，就是仁心，就是天地之心，就是赤子之心。君子的人生不复杂。圣王也是一样，正己南面而已，没有什么复杂的心机。

心斋诗曰："人心本无事，有事心不乐。有事行无事，多事亦不错。"

人的心中，本来没有那么多事情的，是轻松闲适的。一旦心里感到有事情，人心就快乐不起来了。这个有事情起来不是因为世界复杂，只是因为人的造作。一件事情来了，人因为有了私欲，想东想西，患得患失，盘算计较，这十分耗费人的精力。人长期如此，整个生命状态都是紧绷的，怎么会快乐呢？

　　程子有个公案，也可以用来说这半句诗。

　　韩持国对程子说：我总是怕死，不想死，心里为这个事情纠结呀，这大大影响了我的生活，怎么办呢？

　　程子：你既然不想死就别死呗。

　　韩持国：不行啊，我办不到。

　　程子：你办不到，那你到时候就死了呗。

　　韩持国听了之后，心中的郁结顿时消解。

　　程子化解的方法很简单，你能怎么做就怎么做，径直而行，没有任何牵缠。友人顺着程子的引导，果然是没有什么两难的境地，一切都是分分明明。

　　北宋另一位大儒邵子，他病重的时候说："上天生我，上天死我，一托于天，有何不可？"（上天生下我，上天收回我，一切交给上天，多简单自在。）

　　人如果安身了，就把自己的身家性命安顿在了生生不息的乾道上，一切行为都是从这个生生不息的乾道发出的，都是从这个宇宙的大根本、这个仁体发出的。所以人生本来没有什么事情。如果人安身了，一切事情都是从仁体发出，不用我费一点脑子，不用我做一点安排，这就是"有事行无事"。有事，就是孟子说的"必有事焉"，我们生活在这个世界上，在身心家国天下一体的大身体中，对父母孝顺，对子女慈爱，对朋友关心，对工作尽责，这些都不需要我们自己琢磨算计，这些事情运转起来，就像日月交替一样，是天道运行的一部分（心斋诗云"动静云为皆是则"）。如果能"有事行无事"，那么"多事亦不错"，不管是忙，不管是闲，都很不错。有事行无事，不是我去行，而是良知本体去行。

"多事亦不错"，还可以再看邵子病重的事情。邵子病中诗《答客问病》："世上重黄金，伊予独喜吟。死生都一致，利害漫相寻。汤剂功非浅，膏肓疾已深。然而犹灼艾，用慰友朋心。"

世上的人看重黄金，唯独我喜欢吟诗。死生没有什么差别，只是常人趋利避害，懂懂往来，执迷于此。朋友给我带来的汤剂，我喝了，功效很好啊！不过我病入膏肓了，吃点药对我的人生来说，没有什么大的变化。但是我不但要吃药，我还要做艾灸，因为我要让朋友们心里宽慰一些。

一方面，邵子病入膏肓，须有相当大的精力耗在维持生命。另一方面，有朋友来，他还会因为要照顾朋友心情而"积极治疗"。就在这种情况下，他还写诗答复朋友的问候。这种情况是最见功夫的。邵子所有的行为，都只是仁心发用，他的生命清清明明，生死利害都不足入虑。这是不世出之豪杰。（心斋："尘凡事常见俯视、无足入虑者，方为超脱。"）

心斋："只心有所向便是欲，有所见便是妄。既无所向，又无所见，便是'无极而太极'。良知一点，分分明明，亭亭当当，不用安排思索。圣神之所以经纶变化而位育参赞者，皆本诸此也。此至简至易之道。"

心中只要有个定向，就是欲。去菜市场买菜，刚问韭黄多少钱一斤，别人还没有回答，我这里就做好了还价的心理准备，这就是"意"。如果这个"意"严重一点，那就是"必"。事情还没发生，就有一个预设的意、必，这就不是安身而后动了，这样做事情，就不是良知做主宰，而是私欲做主宰。

心中只要有个意见，就是妄。去菜市场买菜，你看到卖韭黄的人，他的相貌让你觉得他不可靠，你问他韭黄多少钱一斤，他还没回答，你心里就有个预期，他一定会把价格报高一点。这个固有的成见，就是"固"，这个固严重了就是"我"，什么事情都有个自己的意见，而且执滞不通。

孔子要杜绝四件事情，也就是意、必、固、我。前两者对应心斋这里说的"心有所向"，后两者对应"心有所见"。如果心既没有预先的定向，也没有预先的成见，一切都随感随意，一举一动都是良知发用，这就是周濂溪说的"无极而太极"。这个太极，就是良知，就是乾道，就是仁体，而"无极"是形容这个太极没有一丝一毫人欲的测度安排。就是这个良知，仅仅这个良知，就够了。良知应事的时候分分明明（清晰），亭亭当当（稳妥），不用人为的安排思索。圣人处理天地间的种种事情，靠的就是这个良知；圣人安顿天地间的事事物物，靠的就是这个良知；圣人和天地融为一体，与天地一起构成"三才"（天、地、人），也是靠的这个良知。这就是最简单、最容易的人生之道。

　　所谓反观辞气，即是反思自己的一举一动，一言一行，动机在什么地方，是从哪里生起的。如果一句话，一个举动，是从良知生起的，这就是安身的状态；如果一言一行，其动机不纯然是从良知生起的，那我们就可以感受一下这个念头是从哪里生起的。一个私欲引出一个念头，使得自己的心体处于一种状况，导致一系列的连锁反应，这个过程，我们可以在机缘合适的时候作个反观内省，就如同慢镜头播放电影一样。这个过程能让我们真实体会到自己的身心在天地万物之间处于一个什么样的位置。格物，是格度体验到天地万物的根本在我身上。且说自己的孩子，孩子的气息出了问题，我们则须看到自己的心体状况对孩子直接的影响，看到孩子的整个人生是如何依于我的。在这个过程中，感受身心家国天下是一身。

　　一庵："学者但一时一刻在恶衣恶食上起念，便不是志道心肠，依旧作世俗情态；但一丝一毫在尤人责人上动心，便不是出群豪杰，未免为常人。学者以圣贤律己，则必严密一层，于无过中搜出有过来，然后不见己之是；以众人望人，则必放宽一步，于有过中脱出无过去，然后不见人之非。"

　　学习儒学的人，只要有一时一刻，在厌恶不好的衣服、厌恶糟糕的饮食这样的事情上起心动念，就不是一副志于道的心肠（他为学的志向还没有立定），就是一副世俗的样子。学习儒学的人，只要在要求别人、抱怨别人这样的事情上起心动念，就不是卓尔不凡的豪杰，未免还是庸常之人。（这个差别，在书院的学友之间十分明显。有的人，他终日的言行，都是关乎心性的，关乎性命的；有的人，一谈到股市、车子、房子，他就兴冲冲地参与讨论了，俨然一副世俗情态。我们须关注自己起心动念的地方，这个动机究竟是成就别人的仁心呢，还是一些私欲，比如好胜心、贪心。这就是反观辞气。）学者以圣贤的标准规范自己（周濂溪说"士希贤，贤希圣，圣希天"），那么他对自己的要求必然较之别人更加严密一层。常人看起来没有过错，他要看出其中的过错，然后能做到不见自己对的地方，只见自己不对的地方。（前段时间，一位学友在群聊的时候发了一道类似脑筋急转弯的题目，这时候，一位平常说话不多的学友就出现了。他也总是在这类时刻出现。他就是喜欢做这类题目。通过一些一般人考虑不到的偏僻的关联，找到一个答案。在这个过程中，可以体现自己的聪明。对于普通人来说，做这些题目没什么，无非是一个人的性格嘛。但是我们学心斋，则要从这种看似无过中搜刮出有过来。看到自己对"算计"这件事情的着迷。这不是一个无关心性的问题，因为在日常生活中，这样的人也喜欢"自私用智"。良知的运用，是不需要人安排的。自私用智，全然是人的安排。投机取巧，趋利避害，真如邵子所说，"利害漫相寻"，这个对学儒学的人来说，是个很大的问题。怎么改正是另外一回事，首先要意识到这个问题。宋代的明道先生年轻的时候喜欢打猎，他十二年没有打猎了，突然有一回，他看到别人打猎，心中产生了一点点欣喜的感觉。他并没有去打猎，连想要打猎的念头都没有，只是心中有一点点欣喜，他便十分惶恐，意识到十二年过去了，内心那个私欲还在。这就是从无过中搜刮出有过来。这就是从一个喜悦的念头上看到人心发出这个念头的根基。这就是反观辞气。这么一反观，并不能当下把内心见猎心喜的私欲除掉，这个私欲可能继续潜伏在心中。但是，这么一反观，便对格度体验己身和天地万物之间的一体关系有了更真切的体会。) 用庸常之人的标准去看待别人，在别人有很多问题的时候，见出他们身上对的地方，以至于做到不见别人的不是。(心斋："见满大街都是圣人。")

二、反观辞气的条件——外缘触发，仁心发动

反观辞气，是看自己言行的动机，是看念头的发动，究竟是良知发出的，还是私欲发出的。然而，反观辞气这本身就是一个行为。我不能同时做两件事，不能一边和朋友聊天，一边反观辞气。这样会"窒碍"。一庵说："凡有窒碍，便是功夫差错。"因而刚开始做反观辞气的功夫，一定要事后反思，不能当下用功。而且这个时候一定要是合适的时候，和见善功夫一样，需要外缘触发，见机而作。比如此时听了我的课了，看了我这段话了，就开始想到日

间的某个事情，当时做的时候感觉有些问题，不过没多想，现在可以仔细反观一下当时内心的状况，看看当时是何种动机。如果想着想着，有些感触，还可以写下来，保存到一个文档里面，或者记载在一本笔记本上。一年半载过去了，就可以看到自己心性明显的变化——我当时竟然有这样的用心，这样的动机！我今日断不会如此了。

前文说反观辞气本身是个行为，这个行为需要一个外缘触发。这个外缘，指的是人的某种特殊的境遇。人在这个境遇之下，内心就会受到触发。被触发的，也就是仁心、良知。所以反观辞气，不是人为地去看，而是用良知、仁心去看。孔子说："唯仁人能好人，能恶人。"我感受到一个人的好，并且喜欢他，其实是良知在好善；我感受到一个人的问题，并且憎恶他，其实是良知在恶恶。我之所以对一个人好善恶恶，是因为我关心他，希望成就他。

这种仁心发动有两种方式，其一是动时，仁心直接发动。在我还没有反观辞气的时候，我的心体已经处于一个仁心发动的状态了，这时候，我躺在床上，正想着白天发生的一件事情。白天，我的一位同事对我十分蛮横无理。人不爱我，必有我不爱处。我就在这个时候，自然地转到反观辞气。其二是静时自然呈露。比如静坐的时候，或是夜深人静的时候，人的思虑比较轻灵，这时候，我的气息正是平和的，我可以反观辞气了。日用往来中心有未安的事情，在这个时候便会呈现到脑海中。这两种情况都不是刻意发动而对人心的揣测，而是仁心自发的作用。前者，仁心处于发动状态，十分刚劲，此时反观，必然真切有力；后者，仁心处于收敛状态，十分柔顺，此时反观，必然细致入微。

必须是这样的心境才行。反观既然是良知在反观，这就要求人在反观的时候，内心处于一个极好的状态。如果内心是个怨恨的状态，这个时候去反观，问题十分严重，很有可能根据自己的意愿，扭曲事实。明明是说话不切时机，急躁冒进，也许就会被反观成对自己的意见不能坚持，畏首畏尾。

这个问题学习心学的人常犯。比如克制私欲的问题。很多人在私欲来的时候，强力去克制它，这样是不合乎心学的。因为你的心还满是私欲，这个时候哪怕你强力克制，也是包含着急功近利的私欲，求做圣人的私欲。"当下克制"这一行为的发动者，你的心，这时候还不是良知作主宰，还是私欲作主宰，要一个私欲压倒另一个私欲吗？私欲有个特点，弱不胜强，贪图一百万的人，来了一千万，他就放下一百万了。如果一个私欲克制掉了另一个私欲，内心的状况一定比之前更加糟糕了一些。阳明先生有如猫捕鼠的比喻，很多人都理解成了，私欲一起来，就把它扑灭，就像猫扑老鼠一样。可是，在私欲起来的时候，人心的状态是猫的状态吗？大概不会如此。这里不妨谈谈阳明先生那段话：

一日，论为学功夫。

先生曰："教人为学，不可执一偏。初学时心猿意马，拴缚不定，其所思虑多是人欲一边，故且教之静坐息思虑。久之，俟其心意稍定，只悬空静守，如槁木死灰，亦无用，须教他省察克治。省察克治之功，则无时而可间，如去盗贼，须有个扫除廓清之意。无事时，将好色、好货、好名等私，逐一追究，搜寻出来。定要拔去病根，永不复起，方始为快。常如猫之捕鼠，一眼看着，一耳听着，才有一念萌动，即与克去，斩钉截铁，不可姑容，与他方便，不可窝藏，不可放他出路，方是真实用功，方能扫除廓清。到得无私可克，自有端拱时在。"

这是个很关键的问题，好些人都不知道如猫扑鼠是怎么个功夫。它并不是一个恶念生起来再去"克制"，而是没有恶念的时候做的一种"搜刮"。无事的时候，心体状态相对来说是不错的。这个时候，私欲一起来，就能看到从哪儿来、往哪儿去，就可以追踪感受私欲在心中的轨迹。

我的住所有好些流浪猫，它们和家猫不同，喜欢捕猎、扑蝴蝶、扑蟑螂、抓鸟、抓老鼠，基本上比它体型小的，它都想去抓。它们捕猎的时候，躲在草丛里，匍匐在地上。草高过猫的身体。这时候，猎物并没有出现。猫警觉地注视着前方一片区域，胡子往前伸着，两只后腿不时地交替动一下。

这时候，没有任何猎物。猫的状态极其机警。全副精神都凝聚着，私心杂念不会进入心中。这时候，一个猎物出现，它会仔细观察其动向，而后突然扑上去。

猫扑鼠，不会是没有准备、老鼠撞到自己的时候才扑过去。

我们整体来看一遍阳明先生的这段话：

一天，学友讨论做功夫的事情。

（想必这个学友教自己的学生做功夫，以静坐为主。因而阳明有以下指点。）阳明先生说："教人做功夫，不能偏重于一个方面。面对初学者，思虑纷繁，心猿意马，可以暂且让他静坐静坐，平息一些思虑。这是可以的。但是，时间一长，他就在静坐的时候，迷恋那个寂静的心灵状态，悬空守住那个静，跟槁木死灰一样，这样没什么用。在他心意稍稍定下来的时候，要教他做克治省察的功夫。这个功夫，没有一刻可以间断，就像抓贼。不是发现小偷再去抓，而是治安已经不错的时候，突击贼窝，把贼都扫荡干净。我们寻常无事的时候（心体没有太多杂念牵绊），要将喜欢美色、喜欢好物、喜欢名声等私欲，逐一追寻，搜索出来。一定要拔掉病根，让病根永远不起来，方才快乐。人要常常像猫捉捕鼠的状态，一眼看着，一耳听着，心中才有一念萌生出来，就扑上去，斩钉截铁，不能姑息，不能给这些私欲行方便，不可窝藏这些私欲，不可放它们一条出路，这才是真实用功，才能把私欲扫除廓清（注意，是在私欲来之前就是一个如猫扑鼠的状态，而不是等意识到私欲之后）。这样做克治省察的功夫，直到内心纯明，没有什么私欲要去克治的时候，自然是一副端坐拱手的样子（孟子所谓'动容周旋中礼'，人的一言一行，都自然而然合乎礼）。"

以上，阳明对于克治省察功夫的描述，与这里说的反观辞气功夫是类似的，都是无事时的功夫，都需要做功夫时已然有一个不错的状态。我们做反观辞气的功夫时，可以参考这段话。

三、反观辞气的用功方法

见善和观辞气都是为了"通气"。我们的身体和天地万物原本是相通的，都是被仁体贯通的。在仁体的贯彻之下，我们的感情发出来就会很端正。用阳明先生的话，"见父自然知孝，见兄自然知悌"。常人常有见父不知道孝的时候，这是麻木不仁，气息不通。而见善，观察我们的辞气，都可以辅助我们更好地"通气"。格物，也是把万物一体的这个大物格通了，使它通气。

一方面，见善里面总有观辞气的功夫在。当你见到别人对你的善意的时候，也就是看到他这个行为背后善的动机。观辞气里面也有见善在，因为观辞气不是由一颗分别心发动的，而是由一颗仁爱心发动的。观辞气正是从仁爱心的角度看一个人言行的动机（仁或不仁）。另一方面，和见善相比，观辞气更加精细一点，实际做起来，更容易把握。

甲：观人之辞气

1.《年谱》：夏，五月，修撰林东峰大钦、给谏沈石山谧，访先生于泰州。遂游金山。江都令王卓峰惟贤同往。东峰乘兴，连步先登，卓峰追之弗及，气喘。先生俟其气定，徐行跻山顶，谓东峰曰："子察否？"曰："何察？"先生曰："同行气喘弗顾，非仁也。"东峰又跣足坐地，先生曰："隶从失瞻，非礼也。"东峰敛容以谢。

心斋五十二岁这年，夏天五月，东峰先生（林大钦）和石山先生（沈谧）去泰州拜访心斋先生。他们因此一道游玩了金山。卓峰先生（王惟贤）和他们一同前往。当时东峰兴致高昂，一口气就登上了山顶，而卓峰有些追不上，气喘吁吁。心斋先生则陪着卓峰，等他气息稍稍稳定了一些，和他慢慢走到了山顶。心斋先生跟东峰说："您注意到没？"东峰问："注意到什么？"心斋说："同行的人在喘气，你看都没看，这是不仁。"东峰又赤脚坐在地上，心斋先生说："你跟随别人，不注意仪容，有失观瞻，这是无礼。"东峰收敛自己的仪容，向心斋道歉。

从这段看，心斋先生有时候对学生是十分严毅的。他十分看重林东峰。

林泽茂先生在《状元林大钦辞官之谜》一文中说："林大钦是潮汕地区历朝科举的唯一文科状元，他的廷试策不但深得嘉靖皇帝的赏识，在民间也广为流传。潮州先贤陈衍虞在《林东莆先生文集序》中这样说：'先生年二十二对大廷，咄嗟数千言，风飚电烁，尽治安之猷，极文章之态。世庙（世宗）拔之常格，擢殿撰，一时传写其文，纸价为贵。'林大钦的廷试策因为说出了当时百姓的心里话，所以才能'一时传写其文，纸价为贵'；也因为他的文章有'风飚电烁，尽治安之猷'的凌厉风格和切实建言，说出了嘉靖皇帝的企望，才有了'世庙拔之常格，擢殿撰'的科考结果。"

根据《王心斋年谱》的记载，在嘉靖十一年正月，林大钦就和波石、东城等心斋高弟一起从学于心斋。就在这一年三月，林大钦因殿试出众，被嘉靖皇帝钦点为状元。过了两年，二十四岁的林东峰，意气风发，仕途无量。林泽茂先生说："嘉靖十三年三月，他被朝廷命为展书官后，因有公务要经过扬州，写了一封信给王心斋说：扬州离泰州'不数十里，此怀依依，能忍不见？当诣潜龙之室，听教几下'。"

心斋先生五十二岁，对这个意气风发的年轻人很是用心。爬山的过程中，心斋先生十分关心这个年轻的儒者在一举一动中，起心动念如何，气息如何。这即是观辞气。真正立本安身的人，不会自顾自爬山，而没有注意到朋友状态的。这时候，东峰的气息和旁边一同爬山的人是不相通的。这是麻木不仁，是没有安身以立天下国家之大本。这个感情状态，不是天地万物依于己，而是人我隔绝。等到上了山，东峰鞋子脱了就坐在地上，在心斋这位长者面前没有注意自己的仪表，这也是心中只想着自己所致。这些都是不通气的表现。

心斋这么指点了东峰，东峰致歉。

（在泰州门下的生活，给东峰巨大的影响。东峰因母亲不适应京城气候，又深感宦海叵测，且为宰相严嵩等嫉忌排挤，遂告假奉母回乡侍养。东峰在故乡"居东莆山中，筑室以聚族人，族人待而举火者数十余家"，"结讲堂华岩山，与乡子弟讲授六经，究性命之旨"。明嘉靖十九年，东峰母亲去世。东峰万念俱灰，在办理丧事过程中数度咯血。五年之后，东峰去世，年仅三十四岁。）

心斋指出林东峰言行背后气的问题。这么指点出来，当下不能有任何改变。也许下次遇到这种情况，东峰还是不能发挥仁心，体贴别人。但至少东峰感受到了这个气息上的窒碍，意识到了功夫的方向，同时，也更加真切地体会到自己和别人的关联。试想，如果东峰上山的时候如心斋一般，卓峰必然与他的气息更加通畅顺遂。这个气息的通畅顺遂十分重要，很多时候，你说一句话，别人或泛泛一听，或深切体会，全在这个气息是否通畅。仅仅从这些辞受取与背后的气息上看，心斋和这个世界的关联、东峰和这个世界的关联，两个关联大不相同！东峰被心斋指点出这个问题，便能更真切地体会到身心家国天下之间的关系，以前觉得偶然的事情，现在从气息上看到了其中的因果关联。于此，始可与言"天地万物依于己"。

我们现在学心斋一定要有个观念，修身不止是为了自己变好，也要为别人，让别人变得更好。有的时候，别人的一个转变，我们看到了，真是比自己有了转变还要高兴！变好，变化气质，这个事情是不分人我的。只有这样做功夫才会稳妥，才不会那么自私。心斋想着每一个人。他想着卓峰，看到了卓峰的气喘吁吁，所以要等卓峰。他想着东峰，所以看到了东峰自顾自往上走，对同伴缺乏关心，所以记在心中，事后给东峰指出。心斋是可以关照到在场每一个人的辞气的。这个观辞气的功夫，全在其仁心充沛，真是满腔子都是恻隐之心。满腔子都是恻隐之心，这就是仁体贯彻周身，一点障碍都没有，这才是立本安身，上下与天地同流。

2.《年谱》：冬十一月，徐樾从步月下，指星文与语，樾应对失当，先生厉声曰："天地不交，否！"又一日，从游至小渠，先生跃过，顾谓樾曰："汝亦放轻快些。"樾尝感叹曰："先生为樾费却许多精神。"

心斋先生四十九岁这年冬天，十一月，波石（徐樾）跟随着心斋，在月下漫步。心斋先生指着星象和波石谈话。

波石在谈话的过程中，应对的态度出现了问题。（袁承业纂辑的《王心斋先生遗集·年谱》记载："樾应对间若恐失所持循。"波石在应对心斋先生的言语时总是患得患失，担心自己的举止不够慎重。这个状态和东峰刚好相反。东峰太放纵，波石太谨慎。）这时候，心斋看到波石的辞气，直接指出："这是天地不交！是否卦之象！"（言下之意，波石全副精神关注自己的修身状态，与天地隔绝，不通气。）又有一回，波石跟着心斋游玩，走到一个小沟渠边，心斋一跃而过，看着波石说："来，你也跟我一样，放轻快一点！（跳啊！）"波石想到这些事情，就感慨："心斋先生为我耗费了好多精神啊！"（另一个版本的《年谱》："从前辜负此翁，为樾费却许多精神。"从前我辜负了这位老者，为我白费了许多精神，我都浑然不知。）

　　心斋两次观辞气，一次训斥，一次鼓励，但我们今天读起来，都是饱含深情。（这个例子是对"唯仁人能好人，能恶人"最好的注脚。）波石先生一开始也没有体会到心斋的深切用心。但是客观上，心斋都起到了调适波石心气的作用。心斋这是手把手给波石通气。日就月将，最后，波石感慨，辜负此翁，枉费了老师很多精力，这是弟子对老师深深的感激。这番感激真切动人，因为二人之间的气机已然完全贯通。

　　由上面的例子可以看出，观别人的辞气，这个功夫是温情脉脉的，是饱含深情的。这让人又联想起心斋对一庵先生的一次指点。

3. 一庵：

3.1　某初闻学，动以圣贤自任，讪谤纷纷。不奈何，渐入迁就，苟求息谤而已。

我早先听闻儒学，动辄以圣贤之道为己任，被别人纷纷讥讪谤议。无可奈何，我就渐渐变得迁就了，只是苟且求个平息谤议而已。（并不是心性真的变好了。）

这段话开篇即是直接反省自己曾经犯下的错误，接下来一庵详细阐述心斋先生对这个问题的批评。

3.2　一日侍坐先师，林东城谓师曰："近王生之学进矣。"

师曰："如何？"

曰："先时多谤，近却无。"

师笑曰："我是无怨无德的功夫，人即有无怨无德的照应。"

某惶愧泪下，不能止。

一天，我陪坐先师心斋，林东城师兄跟老师说："最近王生（一庵）的学问有长进呀。"

心斋老师说："怎么说？"

东城说："先前他老被别人谤议，近来却没有了。"

心斋老师笑着说："自己的功夫是不怨恨别人，也不要求别人对自己有德；别人也就以不抱怨自己，也不要求自

己有德行来回应自己。"（言下之意，别人不抱怨一庵没有
德行，一庵也就不在意自己的德行了。别人对一庵不抱太
多期望，他当然也对自己没有什么要求，这无可厚非。这
是十分严重的批评！）

我十分惶恐愧疚，眼泪掉下来，怎么也止不住。

我每次看这段话，都为一庵捏一把冷汗。

东城关注一庵的状况，感觉一庵变得平和了。这本身出
于对一庵的关心。可是心斋感受到一庵的举动之间，是在寻
求平息争论，是变得圆滑了。（愚按，东岭兄评曰："委屈自
己，又错了路。先生提醒，才见的实。"又曰："心斋先生看
得清楚，说他是拿真诚换乡愿，极其不值！"这个"委屈自
己"即：一庵原本是个直性子，却因为众人非议而变得圆滑，
磨灭了真性。心斋能看到这个，这就是观辞气的功夫。）所以
心斋对东城笑着说了一段话。这段话说的是一庵，一庵在旁
边，可却没有说一庵的名字，只是用"我"来暗指。这个笑，
无非是轻轻地表达东城看错了。这种轻松的状态，轻松的语
气，仿佛是不关心一庵的进步了，把一庵彻底放弃了。

我每次读到心斋的这个笑，都惶恐万分。想必一庵当
时的惶恐远甚于我。一庵一直哭，怎么都停不下来。

心斋先生，真是既暖如春阳，又严若冰霜！

3.3　师谓在坐者曰："是子良知活，可教！"

心斋先生看到一庵哭得停不下来，说："这个学生良知

还是活的，还能教育!"

　　早先一庵是很活泼的，心中的那个真，那个直，真是行不掩言。后来学会圆滑了，那个赤子之心就被埋没了。而心斋先生前面那番极其平淡却极其严厉的暗批之后，一庵哭得停不下来，这背后的辞气，是对近来一段时间的人生的彻底反省。心斋看了，说了一句平淡的话，但是这句话，真是暖如春阳。

　　3.4　自是复加发愤，不顾人非，殊有得力去处。可见人为学须是勇往担当，模糊着终不济。

　　从此以后，我加倍发愤修身，不顾别人的非议，功夫才有得力的方向。由这件事情看出，学习必须勇往直前，直下担当，如果对自己模模糊糊放过，终究是没有用的。

4. 东厓《勉诸生》

　　世上有两般人，子知之乎? 成就人为善者，君子也；破败人为善者，小人也。子识此两般人而向背之，则子方是聪明之士。子慎察之。

　　世上有两种人，你们知道吗? 别人做好事，他觉得很高兴，想别人把这好事做成，协助别人把这好事做成，这就是君子；别人想做好事，他不想别人把好事做成，破坏别人把好事做成，这就是小人。你们认识这两种人，并且和君子亲近，和小人疏远，那你就是聪明的人。这一点，你们要谨慎地察识。

东厓先生是心斋的仲子，也是心斋去世之后泰州学派的宗主。学者称心斋去世之后，大家事东厓如心斋。

东厓这篇文章是给年轻子弟的寄语。东厓的话很高明。

他不是说，做好事的就是君子，做坏事的就是小人。这样讲，容易让弟子产生意见。人常常根据自己的意见，判断一件事情的好坏。比如，自己的父母说话很急躁，自己在这个关系中深受其苦。遇到一个说话平缓的人，遂执以为善。和这个人相处，看他做什么事情都顺眼。这个执以为善，背后的动力，很大一部分来自对父母的积怨。这个过程，看似是"见善"，实则是增加自己的矜持心，增加自己的意见。以这种态度和这位"君子"相处一段时间，自己的气息更加不通畅了，生意更加阻绝。这个过程，和本体无关，和仁体无关，只是私心发动。

东厓这个指点，不是说做好事的就是君子，而是说，李四在做一件好事，张三觉得李四做得好，张三就去帮助李四。像张三这样的人，是君子。成人之美的是君子。东厓又说自己"所为怀者"是"乐道善言，乐闻善事"。遇到好的事情，自己一样高兴，不管这个事情是不是自己做的，和自己有没有直接关系。这就是心斋常常强调的大舜的"善与人同"。

在给二年级的小学生讲课的时候，老师说："老师连着上了三节课，看看有没有体谅老师的小朋友，能帮老师擦一下黑板。"这时候，有几个小朋友就冲上去擦黑板了。他们争着先抢到黑板擦，争着做好事。抢到黑板擦的，当然很高兴了，给老师擦起黑板来。没有抢到的，就有些失落。这时候，老师没有表扬擦黑板的小朋友，也没有表扬没抢到黑板擦的小朋友。老师表扬了小虎，因为老师注意到，小虎听到老师的话之后，眼神里是真有对老师的体谅的，也有要起身去给老师擦黑板的动作。但是那个动作刚要做出来的时候，就停止了。因为有好几个小朋友都去抢着擦黑板了。别的小朋友擦黑板，他没有不高兴，反而很高兴。因为老师连着上了三节课，很累，有人帮老师擦黑板，老师不用辛苦了，就坐在讲台前，喝了一口茶。小虎看到的是善本身，他在意的是这个善能够实现，不在意是我实现的还是你实现的。

上面的例子中，小虎的辞气是从仁心上发出的，而不是从意见上发出。小虎这样的人就是君子。其他小朋友的辞气还不纯然是仁体上发出的，有对老师的体谅，也有相胜心、好名心等。一庵说，常人的问题是功利心，而君子的问题是好名好胜。抢着擦黑板的孩子，在不知不觉中，就往好名好胜的路上走了一点。好名好胜是自私，"善与人同"是善。阳明先生说"有意为善亦是恶"，即是此意。东厓从成就他人为善的角度指点人，便没有此病。

我在漆黑的房间里开灯，整个手掌拍向开关。我不太关心是手掌的哪个部位按到开关的，手指按到也行，手心按到也行，关键是突然一下，房间全亮了。我们的良心发挥作用的时候也是这样，我就是手掌的一小块，我和手掌的其他部分一起去按开关，不管是不是我按到的，我都一样高兴。我这个行为的全部动力，只是我推向开关的手臂。对于我这个手掌上的一块肌肉来说，这个手臂推动着我，如同汛期的河流推动着往大海奔涌的每一股暗流。

乙：观己之辞气

1. *东厓：出一言务足以感人兴善之心，发一语务足以长人慕德之念。*

说一句话，务必要感发别人做好事的心；说一句话，务必要增长别人爱慕美德的念头。

如果不能做到这样，我们就要反思了。泰东书院有个QQ 群，刚刚进群的人，和在群中学习了一段时间的人，说话的风格是完全不同的。

第一个不同，就是说话多寡不同。刚来的人，生活闲下来，无聊了，就在群里聊聊天。有谈老板多么抠门的，有谈老板多么大方的。有谈自己的城市多么优渥的，有谈自己的城市多么糟糕的。两个新加入群的，一个说自己的单位多厉害，另一个立马还以颜色。这就是许多网友无聊时消遣的方式。这其实很累，心还是一个奔驰着、计较着、没有一刻安顿的状态。这个行为，只要反身一体会，全是欲望发动。而在群里用心学习了几个月的，基本上不会说这些话。

第二个不同，就是说话内容不同。老群友，看到别人伤心，则出来安慰；看到别人迷惑，则出来提个意见；看到别人暴躁，则出来平抚人。新入群者，则一出现，多是表现自己的言行多么好，对别人缺乏关心。

我们须常常反观一下自己的言行。说一句话，是否从仁体上发出，是否出于爱人之心，成就别人之心。要看言行背后的动机仁或不仁。我们常常如此，便是孔子所说："君子其言也讱。"（君子的言语是十分慎重的，不会轻易说一句话。）我们常常如此，便是孔子所说的："多闻阙疑，慎言其余，则寡尤。"

不是从仁体上发出的话，而是从私欲习气上发出的话，如果说多了，人就会变得很"浑浊"，很多事情，模模糊糊，人生变得越来越复杂。儒家看世界，越看越简单，仁与不仁而已。如此，则是坦荡荡的君子，而不是患得患失、常戚戚的小人。

如果观自己的辞气，发现自己一举一动都是私欲，怎么办？很多人说，我意识到自己的一举一动都是私欲，可我没有办法克服，越克服，心里越是焦躁。

当然！因为你的心目前就是这个样子啊！目前我就不是个君子，我就是个小人。我想要立马克服小人不善之动，这是急功近利，也还是私欲。而且，自己的心私欲缠绕，硬生生把私欲压下去，是会生出心火的，甚至会生病。近溪一开始做功夫，便是强力克制，大病一场。我们反观辞气，主要目的只是意识到身在天地万物中的位置，只是真实感受到自己有各种各样的人生问题，其根源都在自己身上，也都可以通过自己的功夫解决，只是真实体验到天地万物依于己。先看清这个关系，目前是小人，就老老实实承担起这个有缺憾的自己，承担起自己这个有缺憾的世界，以后的功夫才有一个比较牢靠的地基。这就是罗近溪所说的："详审去向，的确地位。"（详细审视自己人生的去向，明确了解自己目前的身心状况、自己和世界真实的关联。）

2. 一庵：

2.1　有因过而悔甚者，众以笃志称之。

有学友因为自己有过错而悔恨的，大家都觉得这个学友学习的志向坚定笃实。

2.2　曰："未也。夫其所以悔者，专为性道而责志乎？抑未免为毁誉而求全也？先师曰：'一觉便消除，人心依旧乐。'此方是真悔真觉，流行不滞之真机。"

一庵说："这还算不上'笃志'。他之所以悔恨，完全是从本体上发出的求仁志向吗？还是未免在毁誉上求全责备了？心斋先生的《乐学歌》里说：'一旦觉察到自己当下不对就立刻从这个不对的事情上跳开，人心回到自自然然快快乐乐的本来面目。'这才是真正的悔恨自己不合于道，觉察到自己不合于道。觉察到了，就不这么做了，就跳开了，这就是流行不息、从不停滞的真正天机（活泼泼仁体）。"

"一觉便消除"的功夫，我们后面的章节会讲到，这里面有专门的功夫方法，目前做不到没有关系。我引用这段，只是为了说明观辞气的问题。

因为自己做得不像君子，就很悔恨、很懊恼，因为自己让自己失望了。这是没有"的确地位"，没有格度体验到身在天地万物中的位置。是君子就是君子，是小人就是小人，没有一点自欺欺人的余地，没有一点文过饰非的空间。

话又说回来，如果我就是患得患失，我就是求全责备，我发现自己是小人，就是懊恼不已，怎么办呢？不能怎么办，只能就先这么求全责备着——但是一定要清楚，我求全责备绝对不是好事，绝对不是笃实地做功夫。只要有这个认识，我们求全责备的私欲就会慢慢消退，对己身和家国天下的关系就会体会得更真——这已经是格物功夫的全部目的了。至于如何改善，如何变成一个君子，那是下一步功夫要做的，心斋也有十分明确而详尽的指点（见后面章节）。

3.1　一友觉有过，言"愧悔不乐"。

一位学友觉察到自己有过错，说自己惭愧、后悔、不快乐。

3.2　曰："莫烦恼前头失处，只喜乐今日觉处，此方是见在真功夫。烦恼前头失处，尚在毁誉上支持，未复本体。喜乐现在觉处，则所过者化，而真体以呈露矣。二者之相去不亦远乎?"

一庵说:"不要为之前的过失烦恼,只要为现在的觉察而快乐,这正是现在正儿八经的功夫。你为前面过失的地方烦恼,你这个动机(辞气,言行背后的动机)还是得失心,还是好名好胜,还是求全责备,还没有真正回归到心的本来面目上。你要是只为现在觉察到过失而高兴,那你就是所过者化,你的心体此刻因此得以呈露出来。这两者,相差太远了!"(孟子说:"夫君子所过者化,所存者神,上下与天地同流。"君子没有私欲的时候,自自然然在天地间,有了私欲,觉察到,就不继续被私欲牵着鼻子走,依旧是自自然然在天地间。君子一直存在心中的只是神,只是良知,只是仁体。因此,君子和宇宙一同流行不息。这就是心斋说的:"与鸢飞鱼跃同一活泼泼地。")

四、小结

反观辞气属于淮南格物说的第一套功夫,格物。含义是体察人一言一行背后的动机、发心——究竟是从仁体上发出呢,还是从私欲上发出。观辞气在泰州学派中用得很广泛,心斋、一庵、东崖、近溪等人,都是观辞气的高手。本章仅挑选一部分经典案例,作为示例。全书开篇,讲"当下指点"时,所引的例子中,便有很多观辞气的案例,读者可再回顾一下。

观辞气要注意的第一点：观辞气本身就是一个行为，这个行为本身的动机就要是发自仁心，否则就是揣测他人，就入于方技术数，损害心性。

观辞气要注意的第二点：这和见善一样，也是辅助性的功夫，不可能单靠观辞气就从小人变成君子圣贤。这个功夫只是让人看到道路，看到身心家国天下一体的关联，看到人在天地间真实的处境。如果觉得自己是个小人，不要着急，不要担心。这是个好事情，因为如此，以后方能真实用功。须有闻过则喜的态度。

观辞气要注意的第三点：如果是观自己的辞气，一定不是言行的当下去观察，而要在事后观察。如果当下观察，就会影响人心真实的运用。如果我一边因为私欲发着无名火，一边体会这个无名火背后的动机很糟糕，这会让我变得很错乱，只会在这个火气上加添一些焦躁。这就是火上浇油了。观辞气一定要看时候，机缘巧合的时候，外缘合适的时候，内心相对平和的时候去反观。这一点和见善是一样的。

如果是观他人的辞气，则功夫分阶段。一开始做，一定要在旁观的时候去观辞气，不能别人正跟我发着火呢，我去观他的辞气。因为功夫尚未稳，观辞气的时候难免自己的心境受到影响。当然，功夫做熟了，会有一些变化。这些条件或可放宽。这个到时候自有体会，目前不用讨论。

第五讲

辨志立志

一、承当此身

心斋说的格物是"格度体验",体验到吾身是天地万物的根基,家国天下(首先是家)出了问题,根源在自己身上。这不是一句口号,而是一种真实感受,是"亲眼所见"。这里面不容半点模糊。

有一位学友,和妻子结婚十多年了,有一个儿子。这位学友过去在感情的忠诚方面,没有出问题。可是近一两年,出了问题,找了好几个小三。有一回,他把这件事情告诉了我,也告诉了另外的学友。他意识到找小三的事情,不会让他快乐。情欲方面,他也相当厌倦。更重要的是,他很在意妻子,很喜欢妻子,不可能接受离婚。不过,那几位和他有关系的女性,他不能立刻了结——"人家的生活对我有了一定的依赖,我现在突然告诉她,别来找我了,我们断绝一切关系，这个事情过于唐突，也过于冷酷。"所以，那个学友打算花一年的时间，和那几位女性断绝关系，回归到正常的家庭生活中。这位学友，对此信心满满，觉得可以完全做到，并且不被家人察觉。完事之后，这些事情就跟没有发生过一样。

有这样侥幸的想法，都是格度体验的功夫不够真，对身心家国天下一体关系的理解过于模糊。这里必须分辨清楚。

大千世界，家庭和家庭的差别很大。有的家庭，一看，夫妻之间十分甜蜜，子女十分健康。有的家庭，夫妻之间也不吵架，也挺平和，但是没有那种甜蜜的感觉，那种温情脉脉的感觉。就像有的人，去医院检查身体，也没什么大病，但是整天就是萎靡不振，对生活缺乏兴致，身体也常常有疲惫倦怠的感受。这是亚健康。而且不是一天两天形成的，也不是一天两天可以解决的。

这位学友的妻子，丈夫对她缺少一种丈夫应有的亲密的爱、私密的关心。而女人在中年，有这个心理需求，这个需求得不到满足，她便把全副精神都放在了儿子身上。这一两年的累积、变化，整个家庭的气息和一个健康的家庭就有许多不同。

这个家庭的气息不通可不是小事。

情况一：出轨被妻子发现了，闹离婚，最后全力挽回了，两个人之间感情的裂痕是一辈子都在的。以前美满的家庭再也回不去了。情况二：出轨被妻子发现，无法挽回，离婚了，收拾家庭，重新建构自己的人生，也彻底改变了孩子的人生。情况三：出轨没有被妻子发现，并且在一年之中十分顺利地把婚外情了结了。

这三种情况，从表面上看，差别很大。几乎所有人，在这个处境，都希望事态朝着情况三发展。但我们要从根本上看，从家庭的气息上看。目前，家庭就是这个状态，一家三口，都处在一种不好的气息中，这个气，是一种人生基调。在家是这种基调，在单位工作也是这种基调，和朋友相处也是这种基调。这个人生基调，就是"身"。这个身去应物，必然是以这种人生基调去应物。一个人生基调自私者，他做了一件自私的事情，深深自责，以后遇到类似的事情，很可能还是一样自私。人生基调，不是说变就能变的。就像吃饭，不是说饱了就饱了的，是要一口一口把肚子填饱的。一个人，他的生命基调如何，他的身心家国天下就是如何，这是从根本上说，这里不存在一点偶然。出轨了，有没有被发现，这个从表面上看，差别很大，其实是差不多的。没有真心体会到出轨有问题的人，他被妻子抓到了，表面上承认错误，心底只是抱怨运气不好，他的身还是原先的样子，没有变化。他在工作中，看到一件好看的衣服，下意识想到的是某个漂亮女孩会喜欢。菜市场有一种新品种的鱼上市，他看到了，不会有任何兴趣，他不会因为妻子喜欢吃没吃过的海鲜而多关心这条鱼一点点。他的身，包括身心家国天下与己身之间的关系，都还是老样子。即便出轨了，被妻子发现了，真要改了，那也还是要一步步改的。

所以，看似三种情况有天壤之别，其实身如何转化，只是同一条路，没有任何捷径的。这位学友，身出了问题，要改，这是后话，首先要意识到问题，要格度体验到己身所处的状况。真的格度体验到己身所处的状况，同时也就知道了己身要转变的方向，到那个时候，就能真实感受到，这三种情况是一样的。

我和这位学友说了这一点，他深思一段时间，觉得我说的对，他觉得自己体会到了有没有被妻子发现，要做的努力都是一样的，造成的对家庭的伤害也都是一样的。

这时候，我跟他说："那你告诉你妻子出轨的事情吧。"

这位学友办不到。办不到，说明他还是没有真正体会到有没有被发现都是一样，他还只是从理性上认识到这一点。真的格度体验到己身的关系，当下就知道要怎么做——返回自身，并且把人生基调调节到合于仁体的状态。真正格度体验到这一点之后，世上就只剩下一件事情——回复本体。就是心斋所说的："而今只有良知在，没有良知之外知。"（我现在全身心只有一个东西，就是良知，我只是依此良知而行，没有别的东西了。）

格度体验不是说体验就能体验到的。这是个"体验"，不是个认知。别人告诉我，斐济是太平洋上的一个岛国，我一听就知道了。但体验，却不是一蹴而就的。如果没有真实体验到"出轨有没有被发现都是一样"，你就随便做了决定，你现在就给妻子打电话，告诉她一切，你接下来是完全无法应对的！

　　因为你没有这个真实的格度体验，妻子责问你一句，训斥你一句，你都很可能在潜意识里为自己辩解。因为你没有真实体验到，所以你的气息是不通畅的。你的身，还是出轨的那个身。尽管你在道歉，还是这个出轨着的你在道歉，并不是格度体验到身心家国天下一体的那个身在道歉。结果可想而知。

　　在我这么说了之后，这位学友经过一段深思，明白了自己并没有真正格度体验到身在家国天下中的位置。怎么办呢？那就先要做淮南格物说的第一套功夫，也就是格物功夫。这个格物功夫，有许多面向，本书给出了三个面向——1见善体仁，2反观辞气，3辨志立志。这三种说法，其实只是一个功夫的三种表达。这一个功夫，就是体验到身为本。真的体验到身为本了，也不会难以接受妻子知道自己出轨的事情了。因为你的身，其实情，就是出轨。不能真实格度体验己身，才会不能承当起此身。不能承当起此身，当然不可能真实地格度体验到身为本。

　　孔子说："明辨之。"辨志的功夫，首先在于这种明辨。是什么就是什么，不放自己过关，不给自己开后门。一个行为如果出自仁体，这个行为做出来，即是善的结果。比如一个骗子利用你的善心骗了你，你这个善心发出，本身没有问题，一定是善果。但是你做事情草率，是这个草率出了问题。仁心不会有问题，有问题必然背后有其根源，这个是因果定律，毫发不爽。这一点辨得真，就很容易格度体验到身在天地之间的位置，就很容易体会到万物一体。这个是做功夫的根源，体会到这个，功夫才能真正上手。

心斋：

1. 学者有求为圣人之志，始可与言学。先师常云："学者立得定，便是尧、舜、文王、孔子根基。"

（心斋老师说，）学者有了学圣人的志向（也就是不放自己过关，不能说，我又不是圣人，我做不到），才开始能和他说做学问（做功夫）。老师生前常说："学者立志立得坚定，就是个尧、舜、文王、孔子的种子。"

2. "志于道"，志于圣人之道也。

《论语》里说的"志于道"，是立志践行圣人之道。

心斋先生初见阳明的时候，自己坐到老师的席位，和阳明争辩。一番论辩之后，对阳明很是佩服，下拜为弟子。当天晚上，回到馆舍，想到此前的辩论，有些问题尚不清楚。他感到自己白天拜师太轻易，觉得还是自己的体会更加真切。第二天，心斋再与阳明辩论，还是坐到老师的席位。这次探讨十分深入细致，心斋终于服膺阳明先生，对阳明下跪行了大礼。大概是稽首礼，这个礼，在明代可能很少在日常生活中使用了，大家都十分惊讶。

心斋的一举一动，让阳明先生十分震撼。阳明说，我之前生擒朱宸濠，平了宁王之乱，我的心不为所动，今天，我的心却被眼下这个人打动了。

心斋先生离开阳明后，阳明和身边的弟子说：

"此真学圣人者，信即信，疑即疑，一毫不苟，诸君莫及也。"（《年谱》）

这是真正学习圣人的人，相信就是相信，怀疑就是怀疑，一点也不苟且，不模糊，不放自己过关，诸位比不上他（这正是你们所要学习的品质）。

二、辨明真志

心斋的弟子中，一庵立志是很笃实的。我们现在看一庵的一言一行，基本上都是仁体所发。但一庵总是觉得自己不能立志。真正立志的人，往往是觉得自己立志不坚定的。立志学孔子的，就觉得自己和孔子相比，根本没有大志。而没有真的立志的人，反而觉得自己立了大志了。（这是嘴上立志和真实立志的差别。）

一庵：

孔子言："吾十有五而志于学。"始学之要莫切于此。吾人直当持此"志""学"二字为今日第一步工夫，志不定者须责志，学不明者须辨学。

孔子说："我十五岁立志于圣学。"这句话，用来说明初学的关键点，最为真切。吾人只应持守"志""学"两个字，作为今天第一步功夫。如果学习的意志不坚定，必须求个意志坚定。对学什么心中不明确的，必须辨别清楚。

志与学，是一件事情。志是志于学，不是志于别的东西，这一点要辨别清楚。有些学友，他立了一个大志，要学王阳明。为什么呢？因为他觉得王阳明很厉害，内心到了很高明的程度，以至于做什么事情都厉害，可以剿匪，可以平定国家内乱，可以流芳百世。这个是好名好胜之心。学习"四书"也好，学习《传习录》也好，都是由这个好名好胜之心出发，这就不是立志，而是立欲。志是连着宇宙生生本体的。

乐吾先生（师从心斋、东厓父子二人）小时候穷，上不起学，但是非常想学习。五岁的时候，用手握着芦苇的管子，有一尺多长，在地上写字，跟他的父亲说："送我去学堂上学吧！"父亲不同意。到了十一二岁，乐吾把茅管捆起来，作为笔，在砖块上浇些水，在上面自学写字。

乐吾这时候的好学，还不能叫做志于学。因为他这个年龄是很难理解什么是学的，至少在五岁的时候是很难的。后来乐吾的家庭遇到重大变故，双亲又离开人世。再后来遇到心斋的一位弟子朱光信先生，才真正感受到孝悌的意义，又感受到之前所学种种都有问题。《年谱》说乐吾听闻朱光信先生讲授尧、舜、孔子、颜子的学问，也就是孝悌之道，茅塞顿开，恍然大悟，意识到以前的学习完全错了。

从这个时候开始，朱光信重新教乐吾识字学文。这时候，乐吾先生的志才是真志。此时嘉靖六年，乐吾先生十九岁。

所谓"志是连着宇宙生生本体的"，这个志不是人为的一个志向，不是说我喜欢读书人的儒雅的状态，我就有志于学习——这是出于个人的喜好，是情欲上发来的。这个志是宇宙生生之大志向。比如惊蛰的时候，万物都是窸窸窣窣地要动起来。天地间阳气要生发起来了，草种子在地下积攒了充分的生命能量，到了这个时节，不冒出来都不行。这个力量十分充沛，可以破土而出，甚至可以破石而出。这个生的意志是根于宇宙的。这个天地间的生意，到了草上，就是要伸出脑袋、跃跃欲试的意志；到了婴儿身上，就是想要探索、想要爬、在怀里抱不住他的意志；到了刚出生的小鹿身上，就是刚从子宫里出来、就要站起来的意志；到了母狼身上，就是拼命护仔的意志。这个意志，不用人为用力，不用告诉，也不用学习，自己就来了。

乐吾五岁的时候，甚至十一岁的时候，他的人生经历，不足以使他心底生出一个学的意志。他对己身和天地万物之间的关联还没有一个深刻的格度体验。

有些人，机缘到了，有一种对生命的整全而又真实的体会，即便他不学习经典，也有了一种发自宇宙生生本体上的意志。因为他开始意识到天地万物和自己的真实关联，自己冻不着，饿不着，这个血肉之躯可以在天地间生存，这不是平白无故的。他能真实感受到父母、亲人乃至陌生人对自己尽了多大的心力，而自己常常视而不见，麻木不仁。于是这样的人渐渐变得"事父母能竭其力，事君能致其身，与朋友交言而有信"（《论语》）。这样的人，即便不学习经典，以儒家的眼光来看，也是志于学了。（"虽曰未学，吾必谓之学矣。"）这个志，是从自己的生命上萌蘖（萌芽）的，而自己的生命力量，在我们出生前就有。比如十月怀胎的时候，全家人的爱，让人在母亲肚子里修养十个月。人还没出生，便早在宇宙生生整体中。所以这个志不但是从自己的生命上萌蘖，也是在宇宙生生之整体大生命上萌蘖。这个志向生出来，好像是榕树的树干上生出枝杈；同时，整个岛屿都只是一棵大榕树而已，根是连着的。

所谓志于学，须是这个层面的志。

所以一庵感叹：

孔子十五即专志于学，三十而遂立，何定志早而立之速也！今或从事已久而志犹杂然靡定，其如学何？

孔子才十五岁就一心志于学，到了三十岁，真志就树立了。夫子定志是何其早啊，立志是何其快啊！而今有些学友学习儒学已经很久了，而志向杂乱不定（不专一于道），这还学个什么呀？

心斋早年十分聪明。七岁的时候，跟乡里的私塾老师学习，他对经典的理解很到位，信口谈说，好像有人在背后指导他一样，私塾老师完全难不倒他。后来心斋经历种种人生震荡，十八年之后（二十五岁），才真正立志。不妨看看这段时间的年谱：

七岁：受书乡塾，信口谈说，若或启之，塾师无能难者。

心斋七岁的时候，在乡塾学习。他信口谈说，好像有人在背后指导他一样，乡塾老师没有能难倒他的地方。

十一岁：贫不能学，辞塾师就理家政。

因家庭贫穷，心斋不能继续学业，离开私塾，打理家中事务。（心斋家族自苏州徙居来安丰，在本地是望族，父亲在里中也被视为"长者"。但心斋十一岁开始，家道衰落，人生有了很大的落差。）

十四岁：母孺人汤氏卒，居丧哭泣甚哀。

母亲汤氏去世，心斋居丧，哭泣得十分哀伤。（孺人是尊称。心斋的母亲仁厚、孝顺，而且做事情很有法度。做事情有章法、有分寸，这在当时女性中是很少见的。她的教训在自己去世后，甚至在心斋去世后，家族中人都觉犹在耳边。《年谱》："母汤氏仁孝，甚有法度，训诲诸子，至今凛然。"）

十九岁：客山东。

奉守庵公命，商游四方，先生以山东阙里所在，径趋山东。

这一年心斋客居山东。

父亲守庵公命心斋离开故乡，四处做生意。心斋先生因山东是孔子故乡所在之地，直接奔赴山东做生意。

二十岁：亲迎孺人吴氏。

心斋和吴氏结婚。

廿一岁：经理财用，人多异其措置得宜、人莫能及。自是家道日裕，遂推其所余以及邻里乡党。

心斋打理钱财用具，大家都很惊讶，心斋竟处置得如此适宜，没人比得上。从这时候开始，心斋家庭越来越富裕，因而，心斋把余裕之物拿出来，资助邻里乡亲。

廿三岁：客山东。

先生有疾，从医家受倒仓法。既愈，乃究心医道。

这一年心斋客居山东。

心斋先生患有疾病，跟从医家人士学习了倒仓法。疾病治愈之后，专心研究医术。（所谓倒仓法，即把五脏六腑的污浊都倾倒干净，先把仓库腾出来，而后加以施治。）

廿五岁：客山东。

过阙里谒孔圣及颜曾思孟诸庙，瞻拜感激，奋然有任道之志。归则日诵《孝经》《论语》《大学》，置其书袖中，逢人质义。冬十二月，子衣生。

这一年心斋客居山东。

心斋先生去孔子故里，拜谒孔圣人以及颜回、曾子、子思子、孟子诸位圣贤的宗庙，瞻仰他们，感激他们。（心斋感受到十八年前在私塾中所学的东西，在自己身上发挥着巨大的作用。十八年前或因为天生聪明，心斋对儒学的义理十分敏感。十八年来，经过种种人生变故，家道衰落、母亲去世、四处游商，这才从生命内部体会到人生和经典之间的相即相契。所以，心斋对圣贤有莫大的感激，精神奋发，希望承担道统，把儒学传递下去，重新焕发更多人的生命。）从圣贤的宗庙回到住所，则每天诵读《孝经》《论语》《大学》，把书放在袖子里，遇到合适的人就质问一些经典中读不通的地方。这年冬天的十二月，心斋的长子王衣生下来了。（王衣，字宗乾，号东堧。据东厓先生记载，东堧先生启发了心斋的淮南格物说。）

心斋和乐吾小时候一心要学习，这个意志，这个动力，来自对圣贤气象的向往。这是一种"希"。周濂溪说："士希贤，贤希圣，圣希天。"这个向往本身是好的，但是还不是从生生本体中迸发出的志。从生生本体上萌蘖，必然包含整个人类历史，包含整个宇宙运行，并且一定包含着担当道统、参赞化育的意识。以淮南格物说的语言言之，即，必定是从身心家国天下为一身的这个大身体上萌蘖出的意志，方才是孔子十有五而志于学的真志。阳明小时候不满塾师读书人求功名的说法，认为人生第一等事应该是读书做圣贤。这种志向，也是因为"希圣贤"，对圣贤气质的向

往。而阳明先生历经了"百死千难"之后，才真正把自己
的生命和生生不息之本体连接上，这才树立起真志向。

立真志，很不容易，所以一庵才感慨，孔子十五岁志
于学，是多么早。

立定了真志向，则时时刻刻都是学，读书的时候是学，
吃饭穿衣也都是学。心斋所谓"动静云为皆是则"（不论应
接事物，还是静而无事，一切都是天则所出），"而今只有
良知在，没有良知之外知"（一切事情都从良知所发，良知
以外的东西，在心斋这里是没有的）。这正是孔子"夫我则
不暇"之意——子贡喜欢评论别人，这种评论对身心修养
没有任何意义，对传道没有任何意义，孔子是没有闲工夫
做这样的事情的。人如果树立了真志，则没有无聊的时光，
孟子所谓"必有事焉"。因为人的生命植根在了生生不息的
本体上，哪怕有一个人不得其所，都如同是自己不得其所，
人生充满能量，沛然莫之能御。

在淮南格物说中，宇宙整体就是一个大身，真志也就
是立在这个大身上。本书第二讲，立本安身，也即是立志。
第二讲从心斋对身的定义上来讲，而本讲则从具体的辨志
功夫上来讲。

回到一庵这句话：

孔子言："吾十有五而志于学。"始学之要莫切于此。
吾人直当持此"志""学"二字为今日第一步工夫，志不定

者须责志，学不明者须辨学。

1. 什么是"志不定者须责志"呢？

很多人也曾有一些立志的感觉，但是离开了老师，回到了单位，又常常瞻前顾后、患得患失。心里想：我这样做会不会丢失一些利益呀？久而久之，觉得自己是个树立不起大志的人。有一位老友东岭兄，曾用挑灯芯（煤油灯）来比喻学儒学。愚以为十分恰当，可以来说明立志。常人立一个志，就像把灯芯挑了一下，火苗立马蹿高了。但是，没多久，火焰就小了。这个过程，虽然不能让人安立于乾道，但是可以让人刹那间感觉到安于乾道的状态，格度体验到安于乾道、立本安身的状态。这就是格物的功夫，格度体验到身心家国天下之为一大身体。灯芯一挑，人就把前进的道路看清楚了。

曾经有一位心斋的学生，瞻前顾后，患得患失，志向不定。心斋给他写了一首诗：

赠友人
看破古今为，先生志何处？
欲与天地参，名利关不住。

我看遍了古往今来的一切历史人事。朋友啊，我现在就问你一句话——你的志向在哪里？如果你的志向是志于学、志于道、志于上下与天地同流，那么名利根本就阻挡不了你这个志向。

心斋的这首诗，寥寥数语，极简单又极有力。我们不知道这个友人是谁，和心斋有过怎样的交流，但今日读来，便觉得意气风发。这样的诗，给人一股大的信力，这个信力可以短暂地把人从名利之中，从人情世故的牵缠之中，提拔出来。这个信力可以使我们焦灼的人生一时之间倚靠在生生不息的乾道上。听闻此诗，心斋的这位朋友或许有三五天时间，能够过一种乾乾不息的生活。在这个过程中，人就能感受到天地万物如何依于己，人就能体会到什么是正己而物正，人就能格度体验到身心家国天下之为一身。这便是淮南格物说的第一套功夫（格物）。一庵说，孔子"十五志于学"，就是因为有了这种格度体验。这只是挑灯芯的那一挑。而到了三十岁，不用挑灯芯，也是这么亮。这时候真志才真正树立起来。这就是"三十而立"。

2. 什么是"学不明者须辨学"呢？

什么样的学可以称作明呢？一定是出于真志这一动机的学，才是明学，才是真学。发自生命本体的，发自宇宙一体之仁的学，才是真学。比如乐吾、阳明、心斋，小时候那个"要学圣人"，还不完全是真学。后来经过种种人生考验，终立志为学，这个学才是真学。

有一类学友，他学习是为了提高自身的修养。因为他觉得提高了自身的修养，就会让人生顺畅。这个是人的安排、人的造作、人的欲望所发动的学，此学就必定不是真学。这样的学是十分自私的，不得不辨。

有一回，这样的一位学友带着妻子和女儿去博物馆参观。女儿六岁，没有用过智能手机。女儿也不知道成年人拍照片发到朋友圈展示的爱好。这个女儿只是感觉她的父亲一直在拍照，希望她摆出各种姿势拍照。女儿十分不满。她感受不到父亲的体贴，比如她往一个展柜看去，父亲却不耐烦地往前走，强硬地拉她看自己觉得重要的展示。就在这样的情况之下，女儿生气了，说："拍拍拍，到哪里都拍，能不能不拍。"

父亲说："乖，笑一个，把这一张拍完就不拍了。"

女儿拒绝合作，十分生气。这下，父亲连忙道歉，说："乖乖乖，爸爸不拍了。"

女儿不接受这样的道歉，依旧跟父亲板着脸蛋。因为女儿能感受到爸爸的气息。爸爸没有真心觉得自己做错了，他只是在哄女儿，希望女儿对他笑嘻嘻的。男人受不了女儿对自己有所怨怼。我就在旁边，我感受到这个六岁的女儿真真地了解并且厌恶爸爸此时的道歉。另一方面，可能以前发生过好多次类似的事情，爸爸道完歉，没过多久，又拿出手机拍个不停。

就在爸爸跟女儿道歉几分钟之后，爸爸开始责备女儿任性了。这印证了女儿对爸爸道歉的行为的看法——真的没意识到自己的心没有放在女儿身上，只是希望女儿对自己笑嘻嘻的，不怨恨自己。这是成年男子的任性。

父亲在责备女儿任性之后，就开始给她讲道理了，讲的都是儒学里的东西。父亲一口气说出一连串女儿自私任性的地方。

我在旁边看着，觉得这一次父亲远远比女儿任性很多，学的东西也完全成了矫饰自己的工具，成了维护矜持心的手段，成了人生上升的障碍。这是因为他一开始学，动机就不对，就是抱着功利心去学的。这样的心去学儒学，只是在训练功利心，只是在渲染私欲。

志、学二字，志是生生本体所发之志，这个意志，致力于推行此本体。学也是生生本体所发之学，这个学，也是学习如何依此生生本体而行。志是志此学，是志于实践此生生本体；学是学此志，是学着依此生生本体而推行自己的生命，不掺杂任何私欲。志学二字实为一事。所以一庵说"'志''学'二字为今日第一步功夫"，志学只是一个功夫，也就是辨志。

一庵：

志与学常相须者也。志专一则学精明，学日进则志亦日真矣。会友以辨志为先，所谓志者，求为圣人之志也。必念念所期，纯是道义，而一毫势利纷华之习不杂于中，方是真志，然后可与共学。譬之种谷而有稊稗之杂，则终日培壅灌溉，莫非稊稗之助，将来吐花成实，毕竟皆为稊稗，将焉用之？会友不以辨志为先，是相率而诬矣。

"志"和"学"是彼此相须的。志向越是专一，学问就越是精微明晰；学习越是进步，志向就越是真切。

　　学友聚在一起，首要任务就是辨志。所谓的"志"，是求为圣人之志。（这个求为圣人之志和前文所说的"对圣人气质的希慕"不同，而是发自生生本体的宇宙根本大意志。）必须每一个念头的动机纯然是道义，一丁点的攀援权势、攫取利益的心都不掺进这个动机中，这个才算是真志。大家辨明了这个学习的动机（志），然后才能一起学习。打个比方吧，种一片谷子，里面掺杂着稗草。（稗草和谷子一开始很像，很难分辨。稗草不结谷粒，但是比谷子更会吸取营养。）如果就这么整天浇水施肥，都是在帮助稗草生长，以后开花结果，都是稗草，有什么用呢？如果结交学友一开始不辨志，简直是在一起彼此陷害。

　　这一段讲得十分清楚。泰东书院的学友读这段时，有个疑问："念念所期，纯是道义，而一毫势利纷华之习不杂于中，方是真志，然后可与共学。"这也太难了吧？这样的学友到哪里去找啊？我自己根本做不到啊。这里须轻看。辨志，并不是真要做到这样（真能这样，也就没什么功夫可做了），只是要明确这一点是功夫的方向，只要以此为志向。初学当然根本不可能每个念头都是良知所发，不可能"没有良知之外知"，但是我们至少要知道，不是出自良知的、出自本体的念头，那就是杂念，就是我们功夫不到位，是以后需要转变的。至于什么时候改变，如何改变，这些都不在辨志的范围内，也不在其他的淮南格物说第一套功夫的范围内。淮南格物说的第一套功夫（1 见善体仁，2 反观辞气，3 辨志立志）都不涉及何时改变、如何改变，只涉及格度体验。我们的体验要正，方向要明确。这便是孔子说的"可与共学"。至于可不可与适道、与立、与权，皆不在这一套功夫的讨论范围内。志向辨明了，就有了一个学习的共同体。这个共同体以及共同体中每一个人，其学习的动机都是此生生不息之乾体。在这种情况下，有些事情，可能我们自己会想去做，但是学友一提醒，我们就不去做了。比如学友聚会，花了一整天，大家从周边的城市，聚到一个地方，只是喝酒聊天，还聊了很多毫无意义的事情，这种闲工夫，实在是浪费生命。这样的事情，不是道义所发，而是一些不好的世间人情所发。如果大家辨志明白，就可以以更好的方式聚会。所以，辨志是我们开展讲会、建立修行的共同体的第一步。有了这一步，以后一起共学才能走得长远，才能真实改变自己。

一庵：

1. 君子之道，淡而不厌，惟淡然后能不厌。2. 今人往往淡不下来，只是赶热闹。如骋闻见、较事功、眩声名、露才智，皆是厚味浓香，可歆可艳，何往不是热闹心肠？3. 又如吾辈讲学，朋侪勤勤恳恳，与人为善，岂不是好？然或就中幻出一点热闹心肠，酝酿爱乐。不知朋来之乐，孔子是甚心肠——他是直从忧世之志、恻隐闵念底根上发来，故谓之尽心尽性。吾辈若不是这心肠，则便是赶热闹，便是精神逐外，便是人欲之私。

1. 君子之道，平平淡淡而不会产生厌倦，唯有平淡，然后能不厌倦。

平淡，说的是没有人伪，没有情过其实，而是情与实相符合。朋友来了，我很高兴，心中有多高兴（实），就展现出什么样子（情），不去因为讨好别人而夸张。这样的关系能够长久。天地生生不息，日月相推，寒来暑往，百千万亿年，都没有倦怠，因为天地活泼泼运行，没有情过其实。而人如果情过其实，一方面背后一定有个动力，让自己多加了一把力，这个动力八成是私欲，这里面一定有诸多算计，这是十分累人的；另一方面，情过其实，这个情不纯粹是生生不息的本体上发出的，还需要人为提一把力，这个人为造作的力，也不能一直持续下去。所以淡就是本体所发，就会学而不厌、诲人不倦，就会发愤忘食、乐以忘忧。而不淡就是添油加醋，就是人情之作伪，久必生厌。

2. 现在的人往往淡不下来，只是赶热闹。所谓的赶热闹，就是这件事情不做完全没有问题，这件事情和我的身家性命没有关联，和身心家国天下没有关联，我在这种情况下耗费气力去凑热闹。子贡喜欢议论别人，孔子说："夫我则不暇。"这就是批评子贡自己安身立命的事情不去做，却要凑热闹。如果我们辨志真切，则"念念所期，纯是道义"，哪里有赶热闹的功夫呢？对君子来说，齐家没有完全做好，赶热闹的功夫，一定去齐家了；齐家做好了，赶热闹的功夫一定用来移风易俗了。哪有工夫去"赶"那些和身心家国天下一体之大身没有重要关联的"热闹"呢？

比如在闻见知识上逞能，我知道这个，我知道那个；比如在事功上计较，我今年创造了多少业绩，老李的政绩比我好多少；比如跟别人炫耀声名，我们单位都贪污，就我清廉；比如展露才智，一个群友发一个趣味低级的脑筋急转弯，许多平常不发言的群友都冒出来回答这毫无意义的题目。这些都是浓厚的味道，而不是君子的淡。做这些事情的动机都不是根于生生本体，都不是根于性命之上的，而是出自私欲。这个志向就杂而不纯。以上的例子都是让人喜欢、让人爱慕的，其中哪一个不是出自热闹心肠呢？

3. 再比如我们讲学，各位同仁在一起勤勤恳恳学圣人，与别人共进于善，这种淡而不厌的生活岂不是很好？然而，就是有人从这里面幻化出一些凑热闹的心肠，学友之间关系浓稠，觥筹交错，歌舞升平。殊不知，孔子所说的"有朋自远方来，不亦乐乎"是个什么样的心肠。孔子绝对不是个凑热闹的无关乎生生本体的心肠（动机），而是个忧虑世道、恻隐悲悯的动机。孔子的"不亦乐乎"就是从这个动机上发出来的，从性命本体上发出来的。所以孔子称得上"尽心尽性"了。如果我们做事情不是从这个心肠出发，那就是赶热闹，就是精神在外面奔驰而不知收敛，就是人的私欲。

　　一庵所列举的种种赶热闹的行径，是吾人常有之事。先不谈如何断绝，我们先要意识到这些事情的问题。这并不是说我们不能参与一些似乎无关心性的事情。因为有些事情看似无关心性，实则有关心性。比如父亲要求我陪他的一位爱唱K的远道而来的朋友去唱K，那我一定要陪得这位朋友开心。但是，这个过程中，我们没有一个赶热闹的心。这一点，一反省便能体会到。我们念念所期，当纯是道义，即便是唱K。如果我们常常有赶热闹的心，这个无妨，在辨志的功夫里，我们须明确意识到这个赶热闹的心皆由私欲发出。至于如何化解，则是淮南格物说第二套功夫的事情。

　　我们在意识到自己常常赶热闹时，也可以想想心斋、一庵这些辨志的话，并且在心中暂且树立一个猛力，不去赶热闹。可能这个猛力只能维持半天，但至少这半天可以让我们感受到功夫所至是什么样的状态。这个状态是十分愉快，十分充沛有力的，这个来自本体的"甜头"会给我们一股力量。即便半天之后，这个猛力没有了，我继续赶热闹去，但我知道功夫前进的方向了，知道那个感觉了。我仿佛大雾天在高速公路上开车，雾气突然散开几分钟，我一眼看到很远的地方。

三、小结

　　至此，淮南格物说的第一套功夫已经讲完。至于心斋的淮南格物说为什么分成三套，第一套为什么是这些，心斋皆有明确而细致的说法（不管是《大学》文本上的，还是功夫理路上的），本书将在前两套功夫讲完之后来阐明。

第一套功夫，也就是格物。物是《大学》"物有本末"的物。物之本，即吾人的身心；物之末，即家国天下。格物，即真实地格度体验到身心家国天下是一个大身体。在这个大身体中，吾身为本。

这个格度体验，不是思辨，而是一种对生命的感受。本书梳理了心斋学中格度体验的三种方式——见善体仁、反观辞气、辨志立志。这三种方式，其实只是解释的三个角度，往往一个格度体验的功夫中同时包含三种方式。

比如孟子举的例子，小孩掉进井里，一旁看到的人顿时生出怵惕恻隐之心。看到别人身上生出怵惕恻隐之心，这个是见善体仁，人人都会如此，满大街人都能如此，这就是尧舜周孔的种子，这就是见善体仁；我们知道这个怵惕恻隐之心是发自本体的，不是要认识他父母，不是要通过这个行为展示自己是个好人，不是讨厌小孩的哭声，只是本体发出，这就是反观辞气；这个行为发得十分强烈，看到小孩要掉进井里的那一刹那，整个身心都震颤，这个力量十分强烈果决，没有任何怀疑和二心，这就是辨志立志。（分言之：辨志，即辨此果断无疑；立志，即以一种信力，短暂树立此果断无疑。合言之：说一个辨志或者说一个立志即包含此二者，关键在于志的果断无疑。）

　　格度体验的功夫的这三个面向，往往一齐聚到。但是我们实际去做功夫，肯定要从一个角度切入。这一讲与此前的两讲都介绍了具体的方法。这些方法光读可能是完全没有用处的，唯有实下手去做，才会有用。刚开始做功夫，格物的三种功夫，哪种做得顺手，就做哪种，其他功夫必然涵盖其中，不必面面俱到。如果见善体仁的功夫做了一段时间，觉得不得力了，这时候可以换反观辞气的功夫或者立志辨志的功夫。这些功夫只要真的去做了，就会感到自己对天地万物的感受在一点点变化，这个变化过程是十分快乐的。

　　最后，讲一讲辨志立志功夫的要点，基本上和前两种格物功夫一致。

　　辨志立志功夫不是主要功夫，只是辅助功夫，并不是辨志了，就能再也不赶热闹，念念所期，纯乎道义。辨志了，只是知道自己当前的处境。至于怎么变化，那是第二套功夫会处理的。切不可执着，不可发现问题非改正不可，这会产生心火。

　　这个功夫也不是时时刻刻都能做，一定要心境较为平顺有力的时候，外缘触发，这时候本体自然去辨志。辨志本身是一个行为，这就要求辨志行为本身是由本体所发。不是人为去辨志，而是机缘巧合，良知去辨志立志。如果平常无事，突然想要辨志了，很可能是这时候你急躁了，你想到，我现在格度体验的功夫做得不好，我要辨个志，赶紧提升自己，这就是成圣成贤的私欲，急切心，这个私欲发出来，我们的辨志行为一定有偏差。所以，这个功夫，等到机缘巧合的时候，等到我们心中想做的时候，我们就打开心扉，一任本心自己来做这个功夫。

第六讲

一觉已除

一、做第二套功夫前的准备——解缆放船

　　此前三讲，介绍了格物功夫的几种用功方法。在淮南格物说中，格物和致知是一个功夫，本书在单说格物的时候，往往指格物致知。（格物致知，本书称作淮南格物第一套功夫。第二套功夫是诚意，第三套功夫是正心、修身、齐家、治国、平天下。至于这几套功夫的关系，心斋如何分出这三套功夫，何以要分出这三套功夫，本书在讲完第二套功夫后作梳理。）

　　第一套功夫（格物致知）是让人真实地去体验到万物一身，此身之本在吾身，末是家国天下。家人出了问题，还是我的问题。而如何扭转这些问题，第一套功夫不去处理。并且，我们在做第一套功夫的时候，切切不可急于处理，这会产生心火。比如，我们体会到了父母十分固执，

不能听取别人的意见，其原因在于我们对待父母时有太多的问题。对于第一套功夫，只要体会到这个就行了，你要是想去改变自己的问题，这就麻烦了。因为这些问题都不是说改就能改的，你就是这样一个无法很好地侍奉父母的人呀！你对父母没有耐心，你就自责，就恨自己怎么不能多一点耐心。可是你的整个生命状态就不可能让你对待父母有耐心。往往是，你越急功近利地想要让自己变好，自己就越是不能变好。这么用功，一定会产生很大的心火，会伤身。

很多学友一听第一套功夫，觉得苦。什么事情的问题都在自己身上，能不苦吗？首先，要有一个观念，问题都在自己身上，不是说当即就要改变。相反，首先要承当起这个有各种各样问题的，甚至有些像小人的，并且短时间无法有大的改善的"此身"。承担起这个，第二套功夫才好入手。

我们来看一段罗近溪和学生的谈话。

1. 问："向蒙指示，谓不必汲汲便做圣人，且要详审去向、的确地位方得。圣不徒圣，做成个大圣人也。承教之后，日复一日，翻觉工夫再难凑泊，而心胸茫无畔岸也。苦将奈何？"

学生问近溪："老师，以前承蒙您的指点，您说，不用急急忙忙就要做个圣人，先要仔细地考虑功夫的方向，明确自己所处的位置才行。您告诉我，圣人不是成天就想着要做圣人，这才能把自己成就为一个大圣人。我听了您的教诲之后，日复一日在心中体会，反而感到以前学的功夫完全凑泊不上了，完全没法用力了，我的胸中茫然一片，感觉无依无靠。真是苦啊！"

泰州学派讲学有个传统，话不落空。所谓话不落空，用心斋的话，即：可与言而不与之言是不仁，不可与言而与之言是不智。你可以和别人说，可以帮到别人，你不说，那是仁爱之心不够。如果你明明知道一句话说了之后对别人没有用处，甚至有反作用，你还是要说，这就是不智。这个不智，就是说话落空。这是其一。其二，我们的精力有限，我们的生命有限，如果我们把有限的精力和生命白白耗费，这是辜负上天，辜负父母所赋予我们的身体。这个是不孝不仁。有这个时间，还不如拿来陪父母聊聊天。这就是心斋先生说的"尊道尊身"。道是很尊贵的，而我们的身是用来传道的，也很尊贵，不能轻忽。因为这两点，看老师对学生说了什么样的话，便能知道这个学生性格上有何特点，他在什么方面出了问题。

近溪的这个学生，应该是很有勇气和气魄的。这样的学生，他一听到圣人安于乾道的状态，十分羡慕，也要安于乾道，生生不息，一整天都充满干劲。生生不息，安于乾道，哪里是一说就能做到的呀，他坚持不了两天，就泄气了。真是一鼓作气，再而衰，三而竭。何以不能长久呢？因为他的生命状态比较单薄，气不足，仁心不足。他的干劲都是自己鼓起来的，而不是发自身体内部的。婴儿大声啼哭，哭到嗓子沙哑了，都不觉得疲乏，因为他哭的动力是发自自身的。而近溪的这个学生，他汲汲于做个圣人，这个力量不是发自生命本身的。用上一讲的话说，他这个志向并不是植根于仁体上的。他是己身不够、气魄来凑，他是俗语里说的"酒壮怂人胆"。用一庵的话，他这叫"气魄支撑"。气魄支撑自己，是支撑不了太久的，而且这个过程会给自己身心以极大的负担。

设想一个人，他工作中和同事关系理不顺；孩子处在青春期，和他拗着；他自己目前还要还房贷……这样一个人，过得很吃力。他没有更多的精力余下来。他的父母，老两口，在家给他做饭。这老两口也比较固执，经常和他吵架。

这时候，他一想，自己的爸爸总好过舜的爸爸，舜极尽自己的耐心，他的爸爸最终被感化，我为什么不能呢？所以他就生起一个大的气魄，开始跟爸妈心平气和地讲话。以前讲不到三十秒，就要发火，就要训斥爸妈。现在可以耐心说五分钟，还是说服不了，那就随着爸妈来，如果出了什么问题，自己再花时间善后。

这个改变十分巨大。一般人做不到，也就是这种性情坚韧、魄力强大的人才能做到。但是这样有好处吗？基本上只有坏处。

人的精力是有限的，这个人，他的整个生命状态不足以让他如此从容地侍奉父母。他这个生命状态，只能做个

不孝子。他要是突然转变，提起气魄，要做个孝子。那好
了，他工作的时候更加烦躁，对待青春期的孩子更加蛮横，
更容易出现过失。最后，他对父母的好也不会长久。他的
整个气量没有变，整个生命状态没有变，只是气魄上支撑
一下，让自己在孝道上做好。这不会真正尽孝，只会让自
己的人生道路越来越窄，自己和父母的处境越来越局促，
关系越来越紧张，彼此越来越吃力。

　　我们要做第二套功夫，首先要断绝这种气魄支撑。知
道自己不孝顺，知道要改，同时也要知道目前自己就是个
不孝子，而且不是那么容易改正的。这就是"详审去向、
的确地位"。

　　近溪曾经告诉这位学友，要详审去向、的确地位。这
位学友也学着做了。他把以前气魄支撑的功夫全都放弃了，
这就没东西可以支撑了，感觉自己就像是一叶扁舟，飘荡
在没有边际的巨顷汪洋中，这是十分茫然而痛苦的。这个
痛苦的感觉因为什么呢？自己本就是个不孝子，自己的整
个生命状态就是不孝顺。以前没觉得自己不孝，现在知道
了不孝。自己是个小人，这是很多人难以接受的。但这就
是事实！这个苦来自自己的好名好胜之心，一颗汲汲于做
君子的心。

　　2. 罗子曰："此中有个机括，只怕汝或不能身自承
当尔。"

　　曰："教我如何承当？"

罗近溪说："你这个茫然的状态，这个苦的状态，这里面就有个扭转天地的大机关，就怕你不能一身承当起这个大机关。"

学生说："您教教我如何承当呢？"

学生说苦，罗子就说这个苦里面就有个大机括，从这个苦里面，就能有生命的突破点。这个一下子抓住了学生。接下来，又用一种学生最容易契入的语气说：就看你气魄大不大了，就看你能不能够担当这个机括了。这个学生，本身就是长于担当的。这里能看出泰州学派师徒之间的关系。不是老师一套道理、学生自己体会，不是师傅领进门、修行靠个人，而是手把手、心贴心去教学生。这里的脉脉温情让人感动。

3. 罗子曰："汝若果然有大襟期，有大气力，又有大大识见，就此安心乐意而居天下之广居，明目张胆而行天下之达道。工夫难得凑泊，即以不屑凑泊为工夫；胸次茫无畔岸，便以不依畔岸为胸次。解缆放船，顺风张棹，则巨浸汪洋纵横任我，岂不一大快事也耶？"

大众哗然曰："如此果是快活！"

罗近溪说："如果你真的有大胸襟、大气力，又有大大的见识、见地，那你就接受这个苦，接受这个不是圣人的己身，接受这个暂时是小人的己身，你就安此心，乐此意。天下何其广阔，这就是你的住所。不要把自己的人生道路搞得那么狭窄。不要遮遮掩掩，自己是怎么样，就先接受怎么样的自己，明目张胆地去做，直心而行，不要患得患失，畏首畏尾，你就是在天下的大路上行走。以前气魄支撑的功夫，现在知道不对了，凑泊不上了，帮不上自己了，那你就不做那个功夫了！不做那个功夫，要做什么功夫呢？能不做那个功夫，能不去在气魄上支撑，这不是那么容易的，你要做的功夫，就是努力不去在气魄上支撑！你觉得胸中空空荡荡、没有依靠怎么办呢？你不是有大胸襟、大气魄吗？真有大胸襟，就不会还要求个胸中的依靠了。你就把不需要依靠、不去依靠，作为你的胸襟。这么一来，不就妙了吗？原先，你像是在波涛汹涌的大海上驾驶帆船，拼命扯着风帆，十分累。现在，你以不凑泊为功夫，以无畔岸为胸次，那你就相当于把船的缆绳解开了，船帆放下来了。这时候，船就在大海上随波逐浪了，无边大海、巨顷汪洋任你遨游了，这难道不是一大快事！（哪里还有你说的苦闷呢？）"

在座的几十位学友，听着近溪对问问题的学友的回答，在旁一片哗然，纷纷说："这样果然是快活啊！"

4. 余遍呼语曰："此时诸君汝我虽数十人，而心心相照，只荡然一片，了无遮隔也。"众又哗然曰："果是浑忘各人形体矣！"

我（近溪）对着在场的几十个人，每个人都和我有神情的交会，我对着每一个人呼唤道："这个时候，诸位君子，你我虽然就是几十个人，但我们之间心心相照，我们只是一片坦坦荡荡，一点遮掩隔膜都没有。"众人又一片哗然，说："果然我们都是浑然一片，忘记了自己的形体啊！"

　　近溪观辞气的功夫也是十分深厚的。在他听到学友说解缆放船果然十分快活的时候，他便知道学友只是体会到这个道理，在座的几十个人尚没有当即解缆放船。而近溪突然一"遍呼"，这个遍呼，不是说"诸位和我"，而是说"诸位，你和我"（"诸君汝我"），这一下子把学友从听道理的状态中喊了出来，让学友转而进入当下的、活生生的现实状态。此时，近溪和在座的几十位听众不再是老师和学生的关系，而是活生生的人，面对面、目光对目光的交流。这时候，大家不再端着一副学生的姿势，心中也完全放下种种矜持，真实地认识自身的状态——是有着各种问题的、算不上君子的人。这时候，大家都没有遮掩了，也没有隔膜了。我也不在乎别人小看我——我本来就是这样啊。我也对别人毫无怀疑，因为在近溪的引导下，大家都放下了矜持心。此时，大家就是打成一片的，一起养气，一起进步。

　　所以，上一次，众人说"如此果是快活"，这还只是近溪从义理上给众人讲解解缆放船。而这一次，众人说"果是浑忘各人形体矣"，则是近溪亲手给他们解缆、帮他们放船。

　　罗子的这番讲解，是要学生真实感受到自己的状态。要做第二套功夫，首先要做到这一点，否则很难契入其中的精微之处。

　　另一方面，如果第一套功夫做得不错，能够真实地格度体验到身心家国天下之为一身，这个解缆放船自然包含在其中了。

　　我们在做淮南格物的第二套功夫之前，最好是对第一套功夫有一定的实践、有一定的体会。如果还没有，那就要仔细体会罗子解缆放船这一段话。第一套功夫和第二套功夫，未必要一套一套按顺序做，可以一起做。第二套功夫作为主要功夫，第一套功夫作为辅助功夫。一起做的时候，一开始，我们对身心家国天下一体的关系还没有较为真切的体会，这时候就不得不来解缆放船一下。

二、一觉便消除

　　阳明先生说，良知能知意之所发之是非。一个念头发出来，它是善的，你的良知能知道，所以在这个念头发出来的同时，你还会有一种理直气壮的感受。一个念头发出来，它是恶的，你的良知能知道，所以在这个念头发出来的同时，你还会有一种惭愧羞恶的感受。这个感受不是在你的念头发出之后，又来了一个念头，对前一个念头进行反思，而是在念头发出来的时候，同时产生的一个"伴随性"的感受。

比如我此刻正在讲课，大家在听着，而且听得十分专注。这个专注感，不单是旁人能观察出来，你自己也能意识得到。自己能感到快乐，感到听得带劲，感到跃跃欲试。这种带劲的感觉，是在大家听着课的同时，有一种伴随性的感受；并不是先起一念在听课，接着又起一个念头，意识到自己听得很带劲。

一觉便消除，是当下一觉。良知能觉知意之所发之是非，也是当下伴随性的觉知，而没有任何转念。

我们在讲第一套功夫的时候说过，第一套功夫都是事后功夫，都是在反思的层面上用功的。而第二套功夫全是当下功夫，是在当下一觉中用功的。如果第一套功夫用在当下，那就窒碍了本体的流行——人如果一边在做一件事情，一边反思这件事情做得对不对，那就三心二意，这事情就做不好了。如果第二套功夫用在当下，那就是功夫越深，越是精明，越是专注，越是以一种全神贯注的喜悦处理当下的事情。

我们来看一下心斋的《乐学歌》：

人心本自乐，自将私欲缚。私欲一萌时，良知还自觉。一觉便消除，人心依旧乐。乐是乐此学，学是学此乐。不乐不是学，不学不是乐。乐便然后学，学便然后乐。乐是学，学是乐。於乎！天下之乐，何如此学！天下之学，何如此乐！

1. 人心本自乐。

人的心，原本是快乐的。万物处在一体之生生中，万物都得到一种很好的安排。第一套功夫中有见善体仁，就是见到这个大快乐，体会到这个大快乐。

所谓"自乐"，不是我们骗自己，不是搞自我暗示，不是搞心理催眠，而是真实地体验到我们活在天地之间原原本本的快乐。

很多人读到颜回"一箪食，一瓢饮，居陋巷，人不堪其忧，回也不改其乐"（颜回就一点点食物，一点点清水，住在鄙陋的巷子里，别人都难以承受这种忧虑，颜回也不改变他心中的真乐），十分感慨，觉得自己的工作生活十分辛苦，不如意者十之八九，他就十分向往箪食瓢饮的田园生活。这完全是误解了颜子的生命体验，把颜子看得太轻了。颜回一箪食，一瓢饮，不是什么事情都不做。他一样有妻儿老小，也许邻居未必比我们的好，每天相处的人也未必比我们的好。我们正是那个"人不堪其忧"的"人"，而不是"回也不改其乐"的"颜回"。我们的生活，还没那么难堪其忧，至少衣食住行没有太大问题，这种情况，都没有真乐，真的去山上隐居了，也没有自来水，也没有电，生命又十分单薄，那时候，恐怕更加难以承受。

我们要找到这个真乐。这个真乐不在别的地方，只在我们自己身上。

东厓说："古今人人有至近至乐之事于其身，而皆不知反躬以自求也。迷闭之久，则临险阻以弗悟、至枯落而弗返，重可悲也夫！"

从古到今，每个人都有最近的、最快乐的事情在自己身上，但又都不知道返回自身的这个快乐中去。人却要往远的地方去求，往不快乐的地方去求，就这么执迷、闭塞了很久很久。到了面临人生巨大险阻的时候也不领悟，到了生命衰竭凋零的时候也不知道返回，真是太可悲了！

我们再来重温东厓这段话：

> "人之生也，天地以覆载，万物以供拥。冬而帛，而不知其寒；夏而葛，而不知其暑。粒为饱，而室为居，既安以嬉，又鼾以寝。使不知其所以为人，则亦负其所生也已矣！"

人生下来，天覆地载的，万物供给我们，簇拥着我们。这难道不是至近至乐的吗？冬天有帛衣穿，我们就不知道冷了；夏天有葛衣穿，我们就不知道热了。这难道不是至近至乐的吗？有米饭吃，有房子住，我们成天无忧地嬉戏，安稳地打鼾入眠。这难道不是至近至乐的吗？如果我们感受不到这些，如果我们不知道自己之所以能成为一个人，这受到了天地万物多少的恩赐馈赠，那我们也就辜负生而为人这件事情了。

"人心本自乐"，淮南格物第一套功夫的三个做法，都是在格度体验这个乐。这个乐是每个人，不论古今，不论男女老少，共同的人生基调。这个乐，不是一种情绪，而是生命的形式。人生下来，拼命哭号、喝奶，就是这种乐。乐就是仁，就是生生。阳明先生说："乐是心之本体。"乐是心最真实的状态，也是心最原本的样子。

2. 自将私欲缚。

人何以本来快乐，后来不快乐呢？因为人自己用私欲把自己束缚住了。

3. 私欲一萌时，良知还自觉。

我们的私欲一旦萌发，我们一旦不快乐，良知就会觉察到不快乐。这个觉察，对我们来说太重要了。

（1）这个自觉人人本有，常人面对这个自觉的态度。

一个爸爸，在说服自己的孩子做一件事情。他起初觉得理直气壮，孩子好几次要回应，他都觉得孩子要说的自己早就明白，不给孩子回应的机会。但说着说着，他觉得有点不对劲。这个不对劲十分重要。这个不对劲就是"自觉"。

常人怎么做的呢？常人十有八九把这个不对劲掩盖起来，常人往往喜欢一直保持这种理直气壮的状态。心里感觉不对劲，还怎么理直气壮啊？所以在良知觉察到不对劲的时候，他当下就赶忙遮掩。

可是他遮掩的时候，心里的这个不对劲还是会不时地出来一下。这个爸爸下意识地继续遮掩，保持一个绝对正确的姿态。

我们反思一下自己的生活经验，在我们觉得有些不对劲的时候，我们总是为了当下的事情，着急忙慌地把这个不对劲遮掩住。

（2）有一定修身经验的人面对这个自觉的态度。

有一定修身经验的人，意识到不对劲，就会立刻去"攀援"。比如求内心平静的人，一感觉自己不对劲，内心有波动了，他就会有意识地压住这个波动，就像用一块石头压住一棵草。殊不知，这个不对劲的心正是本体的发现，正是良知的发用，这是"天植灵根"，你把这个天植灵根压住了，天地之生意、仁体，也都被斩断了。这就是执着在"静"上，执着在一个虚幻的光景假象之上。

前文所说的解缆放船，就是要摆脱这些光景假象的束缚，承担起这个当下一觉的"不对劲感"。

比如修佛的人，感觉不对劲了，他就念一下佛号，这个心就踏实多了，这个不对劲的感觉就没有了。但事实上，他的整个身心状态还没有调整。他还在继续不听女儿的意见，理直气壮地说服女儿。这就是把生机斩断了。他原先心中有个不对劲的感觉，那仿佛是佛祖去敲他的门。他做了不对的事情，结果佛祖就来了，他吓得跑到村口小庙去拜泥菩萨了。

好好的当下一觉，当下自觉，他不能承当，却要去找个攀援。这就是：佛祖敲门不敢认，村口小庙忙磕头。

我们有矜持心，我们就会本能地排斥这个当下一觉，或是遮掩它，或是再生一个意念克制它（比如求静）。我们不能接受这个不对劲的感觉——因为我们水平很高啊，怎么能感觉不对劲呢？不能吧！但是，如果我们放下矜持心，就不会害怕这个一觉。

（3）正确的对待当下自觉的方式。

要知道，我们只要觉察到不对劲，那就是良知觉察到的，就是我们真正的本心觉察到的。这是十分可喜的。我们私欲萌动，没有察觉的时候，我们整个身心都是私欲做主宰。而现在觉察到不对劲，那就已经是良知做了主宰了，正是良知觉得不对劲。

一般人，良知已经做了主宰了，他心中排斥这个不对劲，那就是生出一个意念，压制这个不对劲，掩盖这个良知。纵使良知时时出头，他也时时压制。

但我们不能如此。良知觉得不对劲，我们不要遮掩这个不对劲，就用这个不对劲的心去应事好了！这个不对劲的心就是良知呀。不需要另寻一个心去做主宰，良知现现成成就在这里。

回到之前的例子。我理直气壮地在说服女儿，说着说着，觉得不对劲了。一旦觉得不对劲，就不要动了，就安住在这个不对劲上。接下来都是自自然然的。首先我泄气了，我这个表情，女儿一看，就知道我好像觉得不对劲。

这时候，我肯定就问，女儿啊，我感觉不太对劲，你说说，你是怎么想的。这个时候，我不但给女儿一个说话的机会，而且我不可能不认真用心地听，因为我的心全然安住在这个刚刚觉得不对劲、现在想要听女儿说话的本体上了。

我们用淮南格物的语言来解说。人的身心本来是至善顺应的，我一开始要说服女儿，这是出自良知。这就是"人心本自乐"。可是说着说着，我夹杂私欲了，麻木了，对女儿的感受十分忽略，这就偏离了"身本体"，而我一旦觉察到不对劲，说明我的身本体主动回来了。这时候，我就依据我的身本体来应事。这时候，自然就感到女儿当前的焦虑，也感到自己考虑问题欠妥，我就开始听女儿说她的想法了。

当然，可能在听的过程中，我的私欲又萌发了，但是只要我私欲萌发，我的良知就有察觉，我就觉得不对劲。而只要觉得不对劲，就已经返回身本体了（这时候，我就应该觉得不对劲）。

这就是正确面对当下一觉的态度。

4. 一觉便消除，人心依旧乐。

一觉，便是消除，只要有这个当下一觉，已经是回到身本体了，又回到了人心本然的快乐的状态。

说得更明确一些，一觉就已经是消除了。不是说，我觉得不对劲，一想，我是不是要听听女儿的意见啊？这不是一觉便消除。一觉便消除只是当下一个觉察。觉察到不对劲，只是这一刹那。而往后呢？只要你不去排斥它，你不去攀援到其他概念上，不让其他意见做了心的主宰，那你就已经回到了身本体上。那么你要听听女儿的意见是自然而然的，由本体所发的。是良知想听听女儿的意见。这里没有我，只有良知。全部的我，只是良知。

觉得不对劲，已经是安身了。安住在这个不对劲上，安住在此身上，那就是自然而然的本心发用，安身而后动了。

5. 乐是乐此学，学是学此乐。

快乐是快乐的这个学，学是学的这个快乐。这个快乐，是人安住在本体上，一言一行皆由身本体发出的快乐，这个快乐是人直心而行的快乐。直心就是良知，良知要如何，人就如何，这就是直心而行。而我们学习，也就是学着时时让良知做我们身心的主宰，也就是求这个一箪食一瓢饮的安于本体的快乐。

6. 不乐不是学，不学不是乐。

如果不快乐，那就不是真正的学问。我们学心斋，如果不快乐，那就一定是功夫做错了。心斋说："天下之学，唯有圣人之学好学，不费些子气力，有无边快乐。若费些子气力，便不是圣人之学，便不乐。"

比如，我觉得不对劲了，这时候我懊恼了，觉得自己功夫不好，又出问题了。这个懊恼的心，其动机还是喜欢圣人的状态，是要做圣贤的私欲。要是真学圣人，当下觉得不对劲，当下就已经是良知做主宰。这个不对劲的感觉根本不是噩耗，而是喜讯。这里面只有快乐。

另一方面，如果不去做功夫，不去学，我们的快乐很可能只是光景假象，不会长久。

7. 乐便然后学，学便然后乐。

体会到了本体的快乐，那就去实践（学）。实践了，也就体会到了本体的快乐。孔子说："弟子入则孝，出则弟，谨而信，泛爱众而亲仁，行有余力，则以学文。"按照泰州学派的理解，这个行有余力，是绰绰有余的状态，悠游自在的状态。

"弟子入则孝。"真正孝顺的人，总是觉得自己做得不够，做什么事情都惦记着父母。买这买那，伺候东伺候西，都觉得没有伺候够，还要再伺候。这个过程，孝子既是觉得充满精力，又是乐在其中的。而不孝顺的人往往自己觉得对父母已经够好了，一旦和父母共同生活一段时间，就觉得做个孝子好累，这就不是绰绰有余。行有余力的状态，就是悠游自在的状态，就是安于乾道的状态，就是乐。

弟子在孝悌等事情上都做到绰绰有余，都做到乐，那就用这个状态去学习文章典籍，用文章典籍涵养印证这个乐。这就是"乐便然后学"。

类似的，"仕而优则学，学而优则仕"，按照近溪的理解，这个优，就是悠游的悠，就是绰绰有余的状态，就是行有余力的状态。学习学得绰绰有余，那就以此去做官做事。做官做事做得绰绰有余，那就以此去学习。"仕而优则学，学而优则仕"，也就是"乐便然后学，学便然后乐"。

8. 乐是学，学是乐。於乎！天下之乐，何如此学！天下之学，何如此乐！

乐就是学，学就是乐。呜呼！天下的快乐，有什么比得上这个学！天下的学问，有什么比得上这个乐！

三、一觉已除的功夫示例

本章的标题是一觉已除，为的是不引起歧义。一觉便消除，可以理解成一觉就已经是消除了，也可以理解成一觉然后再去消除私欲（觉便然后除）。但心斋的整个功夫中，一觉便消除指的是一觉本身已经是消除了。一庵《文集》中有这样一件事：

1. 有因过而悔甚者，众以笃志称之。

有学友因为自己有过错而悔恨的，大家都觉得这个学友学习的志向坚定笃实。

2. 曰："未也。夫其所以悔者，专为性道而责志乎？抑未免为毁誉而求全也？先师曰：'一觉便消除，人心依旧乐。'此方是真悔真觉，流行不滞之真机。"

一庵说："这还算不上'笃志'。他之所以悔恨，完全是从本体上发出的求仁志向吗？还是未免在毁誉上求全责备了？心斋先生的《乐学歌》里说：'一旦觉察到自己当下不对，当下就从这个不对的事情上跳开了，人心回到自自然然快快乐乐的本来面目。'这才是真正的悔恨自己不合于道，觉察到自己不合于道。觉察到了，就不这么做了，就跳开了，这就是流行不息、从不停滞的真正天机（活泼泼仁体）。"

上面的翻译，还不十分精确，精确的说法是：觉察到当下不对，就已经从不对的事情上跳开了。

一庵先生的这位学友，觉察到不对劲了，安住于这个觉察，那么他当下没有在做不对劲的事情，当下是本体发用。这就是第二套功夫的全部做法了。

但是下次遇到这样的事情，会不会再次犯错呢？会！会不会再次觉得不对劲呢？会！觉得不对劲，已经是回到身本体，已经是良知做主宰，那就继续安住于此就好了。在做第二套功夫的同时，你当下就在养气，因为你在直心而行。养气就是靠直心而行。（孟子："其为气也，至大至刚，以直养而无害。"）如果做一觉的功夫，做一段时间，你的整个身心状态就会改变，到那时候遇到这个事情，你也许就不会犯错了，也就不用一觉了。但是，那是做功夫的结果，不是做功夫的方法。

一庵的这位学友之所以懊悔，是因为他一觉，觉到不对，但是又转念一想，想要把这个私欲根除了。但是他目前又根除不了，所以很懊悔。这就是第二套功夫没有做对。第二套功夫是当下功夫，讲究的是运行无碍，一定不能转念。而反思，则是第一套功夫的范围。具体怎么做，请参考第三、四、五讲（第一套功夫的三个向度）。

再来说一件学友遇到的事情。

一位学友，晚上洗完脸，毛巾就会往挂架上随便一放，没有叠好。他感觉到妻子很不满这一点。但是每次他洗完脸，随便一挂，心里有点觉得不对劲，又把这个不对劲按捺住了。

听完一觉功夫的这一天晚上，当他把毛巾随便一挂的时候，心里又来了不对劲的感觉，这时候他就把毛巾整齐地放好了。

这件事情有三个过程：

A　他并没有安身，他偷懒的心做了主宰，心里只想着该睡觉了，完全没有体贴到妻子很在意放毛巾这件事情，很可能为此不快。

B　他突然感觉到有点不对劲。在他觉得不对劲的时候，已经是良知做了主宰了，不然他会毫无察觉地上了床。

C　良知已经做了主宰，已经安身了，那就以当下这个身心去应事，自然就体会到妻子可能的不愉快，也就很自然地把毛巾整齐地放好了。

整个过程，当下一觉只在过程 B。在 B 以前，我完全没有意识到这回事，在 B 以后，良知做了身心的主宰，一切都是良知的自然发用。

这个一觉有什么用呢？

其一，一觉，当下回到本体，错误的事情不会继续。

其二，一觉之前，我没有安身，私欲是我的主宰。下次遇到同样的事情，我可能还是私欲做主宰，我还是想把毛巾随便一挂。一觉只是一次有效，下次遇到同样的事情，那就还要继续一觉。这是从表面上说。从深层说，每次一觉，都是良知做主宰，都带着一段时间的直心而行。比如毛巾乱挂了，心中觉得不对劲，并且安住于这个不对劲，接下来必然有一段时间是直心而行的。这本身是集义的过程，是养气的过程，也是人的生命状态平缓而稳健地变动的过程。

四、一觉已除功夫的要点

1. 这个功夫是当下一觉的功夫，而且这一觉不是人为生出的一觉，只是本体自己觉醒的一觉。这个功夫，和转念、反思都不直接相关。

2. 这个功夫不能克制私欲。我一个好胜心生出来，一觉便消除，只是此时我不让好胜心做主宰。下次遇到同样的境况，我的好胜心还会出来。克去私欲不是这个功夫的做法，也不是这个功夫的目的。

3. 这个功夫的目的有两个：停止私欲做主宰，不断扩充心量。停止私欲做主宰，则习染不会加深，也不会继续造业。而这个过程本身就是良知发用的过程，就是直心而行的过程，这个过程就是集义，就是养气。气量充足之后，私欲一下子荡然无存。养足本体之后，私欲再有，就如同雪花落进大火炉，洪炉点雪，一点即化。

4. 这个功夫的前提是偏离了身本，和本体间断，和仁体隔绝。在这种情况下，本体时不时回来一下，我们也就顺势安住在了本体上。所以一觉便消除的功夫是功夫间断的时候才会做的功夫。如果一个人二十四小时都安于乾道，他是不用做这个功夫的，也做不了，因为他没有感觉不对劲的时候。这个功夫就是在我们功夫间断的时候，立马又回到这个不间断的本体上来。

5. 这个功夫可以时时做，一觉就安住本体。这个是淮南格物初期功夫的主体，而第一套功夫则是辅助，是事后功夫，还要在机缘合适的时候。所以第二套功夫的使用比第一套功夫更为频繁。第一套功夫是真实格度体验什么是本体（身），而第二套功夫则是真实地、不间断地，在我们偏离本体的时候回到身本体上来。所以第二套功夫要求我们不间断地做间断功夫。所谓的不间断去做，不是说我们每分每秒都要做，而是这个功夫不能放下。哪怕我一天只有一两次，甚至一个星期只有一两次一觉的功夫实践，但是我要日复一日、年复一年地做这个功夫。也许一开始，一个星期一次，但只要这么做几个月，这个功夫就不会离手了。因为这个功夫的效果是很实在、很明显的，在这个过程中，学友能真实地体会到气越来越刚强。

第七讲

肯认真乐[①]

一、一觉已除和肯认真乐的关系

常人的心，就像是上课打瞌睡的学生。他时而睡着。睡着时，他脑袋猛地下坠，头一点，便又突然惊醒。惊醒之后，用不了多久，他又慢慢把头低下去。

常人的心，经常是私欲做主宰，这时候，就如昏昏欲睡的状态。而一觉得不对劲，这个当下一觉，就是一点头时，那一刹那的惊醒。一觉已除的功夫，也就是在你猛地一惊醒时，当下安住在这个醒的状态。你猛地一惊醒，此刻，你已经醒了，不用去别处寻一个"醒"。

我念初中的时候，上课打瞌睡，猛地一惊醒，意识到不能睡了。我就把一本大课本卷成一个纸筒，支撑住我的

---

① 标题又写作：淮南格物说第二套功夫（诚意）之二——肯认真乐。

下巴，以免再睡着。可这么一支撑，反而没多久又舒舒服服睡着了。

我们的心，也是一样，觉得不对劲的当下，已经是良知做了身心的主宰，以此应事，便是物来顺应。如果一觉得自己不对劲，就立刻找各种概念的支撑，内心状态的支撑（比如去静坐、去读书），这都是失去了最宝贵的真机。

我初中上课打瞌睡，还有一个经验。在我猛地惊醒时，我的脑子会精明一阵子。如果这一阵子，我只竖起耳朵去听课，我就心安理得地去运用这个精明，可能我十几分钟，乃至整节课都不会睡着。而且这段时间的听课过程，很愉快，很带劲，很轻松。但是，如果我十分担心：我会不会一会儿又睡着了呀？这时候，这种精明感，清清明明的感受，很快就会消失。

第二套功夫，是间断的时候做的功夫，是在我们的心暂时偏离本体的时候，不时地回到本体上来的功夫。这个是绝大部分人所要做的功夫。走到大街上去，路上站着的，车里坐着的，小店门口躺着的，形形色色的人，基本上心体都处在时时间断又时时回到本体的状态。大家的良知，时时昏睡，又时时猛地一醒。再好的人也有昏睡的时候，再糟糕的人也有猛地一醒的时候。这是我们心灵的现状。而第二套功夫，只是 1. 要我们在昏睡后猛地一醒时，顺应并且强化这个良知的敲打，并且 2. 在醒着的时候，以一种最合适的身心状态，让这个良知没有障碍地运行（亦即肯认良知运行时的真乐，让这个真乐乐得理直气壮，乐得尽可能地持久不断）。第1点是上一讲的主要内容，第2点是本讲的主要内容。虽说我们不做功夫，良知也会时不时猛醒一下。但是，做不做功夫，差别太大了。比如说拆房子。一间房子，放在那里，它也会自然破败、风化、坍塌。但是，时间恐怕要几百年。如果我们开挖掘机，几天也许就能把房子拆掉。而且，这个挖掘机不是我开，是良知自己开。我只要不在前面挡路，也就是全部的功夫。

二、对良知运行之真乐的肯认

我们看一下第一讲提到过的一个案例。

先生谓子敬曰："近日工夫何如？"对曰："善念动则充之，恶念动则去之。"曰："善念不动，恶念不动，又如何？"不能对。先生曰："此却是中，却是性。戒慎恐惧，此而已矣。常是此中，则善念动自知，恶念动自知，善念自充，恶念自去，如此慎独，便是知立大本。"

王子敬做功夫的时候，造作比较多，此时"不能对"，反而是真体呈露。真体呈露，心斋就大加肯定，让王子敬把这个真正的本体看清楚。如果没有心斋的这个肯定，王子敬也许不能从内心中肯认自己此刻的状态，而且会觉得这是不好的状态，是尴尬的状态，就会想要离开这个状态，不能安住在这个状态上。

上一讲，当下一觉。常人面对当下一觉，常常觉得一觉是很糟糕的，觉察到自己有问题，这还得了？赶紧遮掩逃避这一觉。这一讲，很多人正处在安于本体的状态中，他却不能安心乐意地安住于本体。以上两种情况，都是人为的造作！人的心是很活泼的。阳明把心比喻成天植灵根，心是上天种在心中的一个活泼泼的灵根，它时不时发芽萌蘖。而人的造作，每每把发出的芽给掐掉。

王子敬不能对，就是不能对，是心安理得的不能对，安心乐意的不能对，心广体胖的不能对，从容自在的不能对。这个不能对，是心体所发。凡是心体所发的行为，都属直心而行。直心而行，一定是简易直截、从容快乐的。不可一不能对，就开始担心了——老师会不会觉得我太差劲啊，我这样是不是难以悟道啊，我这样是不是会被一旁的学友看轻啊……一旦有这些想法，这个原本从心体发出的不能对，就开始被人为地扭曲，心体的流通也就此中断。

心斋诗曰："东西南北随吾往，春夏秋冬任彼除。"东西南北，我想往哪儿走就往哪儿走，春夏秋冬，随它怎么变迁。这是一直直心而行的状态。这个状态，就是孟子说的"以直养而无害"，就是养浩然之气。

这种浩然的感受，是理直气壮，是直心而行，是君子坦荡荡，是真正的大快乐。《乐学歌》开篇说"人心本自乐"，就是说的这个本体之乐。阳明先生说，人遇到丧事，至亲之人去世，"须是大哭一番了方乐，不哭便不乐矣"。

这里的乐，也就是此处的乐。这个乐不是一种情绪、情感，而是人安住于本体的一种自得。

这个乐也就是"意趣"。泰州学派的学习，是充满意趣的。你会觉得有意思，有趣味，而且这个趣味是从生生本体上来的。一庵先生说："才没意趣，便是功夫间断。"王子敬不能对是好的，如果他觉得尴尬，这就没有意趣了。

这个意，就是生意，就是天地间生生不息的意思。安于这个生意，就会觉得快乐，充满意趣。这个快乐，就是"真乐"；这个意趣，就是"生趣"。人珍重此生趣、生意，不造作、不遮掩，就是诚意。想偷东西，我就说自己想偷，做个真实的奸人，这个不是真诚，是伪诚，这个不是诚意。诚意，就是诚这个生生之意。这个生意流行的本体，就是仁，就是"独"，一庵先生谓之独体。

所以，心斋在肯定王子敬的不能对之后，让他如此慎独，就是敬慎此仁体、此独体。心斋说执中，也就是执此仁体。

心斋："程子曰：'一刻不存，非中也。一事不为，非中也。一物不该，非中也。'知此，可与究执中之学。"

程子说，哪怕有一刻，这个中不存于心中，就不是真正的中。哪怕有一件事，不能体现中道，就不是真正的中。哪怕有一物，不能被这个中涵盖，就不是真正的中。知道程子的这个说法，才能开始谈"执中"的学问。

学者执中，时时刻刻都浸润在"中"里面，可谓"造次必于是，颠沛必于是"。执中，不是遇到一件事情，拿中道的标准比对一下，我做得恰不恰当，这是落入后着；而是一切从中体发出，也就是一切直心而行，除了直心而行之外别无伎俩。并且，须时时刻刻保持这个快乐的状态，理直气壮的状态，时时刻刻肯认此中。用孟子的话说，这就是"由仁义行"，而不是"行仁义"。

我们来看三段心斋先生的话：

1. 心斋："学者不见真乐，则安能超脱而闻圣人之道？"
学者如果看不到真乐（发自仁体、直心而行的乐），又怎么能超脱世俗人情的牵绊，进而听闻圣人之道呢？

人如果没有见到这个真乐，没有对此真乐的肯认，也不知道这个真乐比什么都重要，那么成天就会在各种感官欲望上奔驰。尽管真乐常常自己呈现，但每每被他忽略、压制。最后人生的路会越来越窄，真乐的自身呈现也越来越少。

心斋说：

若得吾心有主张，（真乐就是我心的主张。）

便逢颠沛也无伤。（哪怕遇到人生颠沛之时，也对自己没有一毫损伤。乐吾先生倾家荡产的时候，只道："三间茅屋归新主，一片烟霞是故人。"我那三间茅屋有了新的主人了，天上一片烟霞还是我的老朋友。"造次必于是，颠沛必于是"，处境不论造次颠沛，心中永远不改其乐。）

寸机能发千钧弩，（小小的机关能触发千钧力道的强弩。寸机就是主张，就是真乐。）

一舵堪驱万斛航。（一个船舵，能驱使万斛大容量的航船。）

动静云为皆是则，（无论动时应事，还是静时自处，一切都是天则，身心全在真乐之中，没有一毫人欲安排。）

穷通夭寿只如常。（无论人生艰困还是通达，无论是夭是寿，我只视之如平常。常，也就是乐。乐是心之本体。）

愿君学到从容处，（希望您学得快乐自在，终日在这真乐之中。心斋说，"天下之学，惟有圣人之学好学，不费些子气力，有无边快乐"。）

肯为区区利欲忙？（怎么会为世间那么一点利益和欲望忙碌呢？）

学者如果能见真乐，肯认此真乐，终日不离此真乐太远，以至于终日安住于真乐，区区利欲便不足以入胸中。这便是圣人之道。

2. 心斋："天性之体本自活泼，鸢飞鱼跃便是此体。"

宇宙的本来面貌，这个本体，它本来就是活泼泼的，鸢飞戾天，鱼跃于渊，一切这么鲜活，这就是宇宙本来的面貌，也是人心本来的面貌，因为人也是这个宇宙的造化。

一位学生，做功夫比较拘谨，失去了活泼泼的样子。

心斋就指着一旁砍树的人说："他没有做功夫，砍树也砍得十分自然顺手。"言下之意，你这做功夫的，失去了活泼泼的本体，还不如不做功夫。而砍树的人，他没做功夫，但是砍得高高兴兴，边砍边喊号子（"嘿嘿呵！嘿嘿嗨！……"）。这个号子里面，有此时人、斧子、树木在砍树这一行为中的默契，有对这份工作的满意，有当下家庭生活的幸福快乐……这个乐是涵盖樵夫的整个生命的快乐（"一物不该，非中也"），这个快乐本身给了他巨大的人生力量。你要他不砍树，他在家里也许还闷得慌。所以，樵夫虽然没有做功夫，实际已经时时刻刻在肯认真乐本体。心斋的弟子朱光信先生，就是这样一位樵夫。在有人请他讲学，要他放弃樵夫生活的时候，他是不乐意的，而且说对方不是真的爱自己的学问——自己的学问全在砍树的快乐中。

心斋的大弟子波石先生，一开始做功夫的时候，也没有活泼泼的感觉。有一回，心斋和波石在月下散步，谈论星象，波石十分拘谨，唯恐自己言行失当。心斋先生见此情景，严厉地说："你这是天地不交，否卦之象！"又有一天晚上，心斋和波石路过一个小沟渠，心斋一跃而过，回头和波石说："你也要放轻快一些呀。"心斋这么一说，波石反而更有些拘谨了，好像丢了什么东西一样。

心斋的这些指点，都是在给波石先生指点出那个活泼泼的本体。后来，波石先生回想起这些事情，说："以前我辜负了心斋先生，他为我徐樾耗费了好多精神啊！"

3. "日用间毫厘不察，便入于功利而不自知。盖功利陷溺人心久矣。须见得自家一个真乐，直与天地万物一体，然后能宰万物而主经纶，所谓'乐则天，天则神'。"

日常生活中，一点点地方不察觉，就进入了功利的世界，自己还不知道。这是因为人陷溺在功利中太久了。我们必须看到自家身上一个真正的快乐，这快乐直接和天地万物是一体的。看到这个快乐（肯认这个快乐），而后可以主宰万物，主宰世界的运行。这就是"乐则天，天则神"。

淮南格物的第一套功夫，是机缘巧合的时候，去见善，去体仁。那是事后功夫。

这里的第二套功夫，则是当下功夫。王子敬不能对，这当下就是本体呈现，当下就在快乐之中。我们此刻就可以开始做这个功夫了！

我在东台博物馆做这一讲时说："我在这里讲课，陈馆长高兴地支持，张弦兄等诸位工作人员乐意地帮助，而我只是兴致盎然地讲课。大家在这里听课，聚精会神，神情喜悦。这时候，杂念一毫也不能进入心中。这时候，在座的学友，你我直心而行，安心乐意，当下只有快乐。我们当下就可以感受这个直心而行的快乐，肯认这个快乐。如近溪所说：居天下之广居，行天下之达道！（这是天下广阔的家，我在这个家中居住。这是天下的大路，我在这条大路上行走。）"

放在淮南格物的体系中，格物致知就是真实体验到身为本，体验到万物同此生生不息的大身，体验到天地间的真实快乐。这是第一套功夫。诚意就是真实地安住于此万物一体之大身，真实地让自己的身心保持在这个真乐之中。

三、定静安虑得与肯认真乐

在第二讲，我们介绍过定静安虑得和立本安身的关系。那个地方，我们把定静安虑得视为一种事后反思的方法。这可以归入第一套功夫——在事后，用定静安虑得，对照平时的一些生活状态，以此来格度体验自己和世界的关系。

我们也可以换一个角度，从肯认真乐的角度看定静安虑得。

真的安身了，一定是定的。所谓定，就是时时刻刻在根本上求，不在末上求。凡事反己，不去责人。不怨天，不尤人，意志凝一。如此，则天地万物依于己，而不是己依于天地万物。不会患得患失，不会有孟子说的"一朝之患"。

一庵先生讲颜子屡空，是说常人有一两次处境匮乏就不行了，而颜子屡屡匮乏也不改其志。颜子心中认定了这个真乐，便只从这个真乐本体出发，从本心出发，不会受到外在境遇的影响。这就是定。

一庵先生讲颜子不迁怒，是说颜子安住于真乐本体，不因为愤怒就偏离这个本体。本心不因怒而迁移。这就是定。

一庵先生讲颜子不贰过，这个贰就是"疑贰"。不贰过，即，过错就是过错，不会有任何矜持矫饰，一会儿说对一会儿说错。发现自己过错的，也是真乐本体的发现，这本身就是直心而行，本身就是快乐。过错就是过错，这也就是定于此真乐。

淮南格物第一套功夫有辨志的功夫，在"事后"辨志要真。在"当下"，我们同样能感受到这个真，这个不疑贰，这个斩钉截铁。我们当下感受到它，体察它，便须以一种肯认的态度对待它。说一句话，心中明明白白——这句话是我说的，我认为有必要说我才说，毫无疑问。如果说错了，这句话一样是我说的，我改正。我的一言一行，只从我身而出，我全权负责。这就是定。做到定，我们说话做事就有"底气"。这个"底气"，来自真乐本体，而不是"气魄支撑"，不是"酒壮怂人胆"。

静，是不为外物所扰，内心没有怨怼，心气平和的状态。在我们日常生活中，但凡真正地做到定，一言一行自我而出，我全权担当，毫无疑贰，那么我们往往内心是没有怨怼的。如果因为别人的原因，把一件事情搞砸了，那也是我考虑不周，用人不当，或者提醒没有做到位。这个静，不是一潭死水的静，而是平静广阔的江水，这种静；是绵延万里的崇山峻岭，这种静。一件事情，搞砸了，你心想，反正我尽到义务了，也怪不到我头上，我内心不起波澜。这个便是一潭死水的静。一件事情，搞砸了，你心里不去担心别人的指责，只去想自己没有做到的地方，并且当下着手去做可能的弥补，是这样一种静。

如果没有这种静，那么定必然是故作镇定，必然是气魄支撑。

安，是安于乾道。是做事情既有底气（定），又从容应对（静），又充满斗志（安）。

虑，我们第二讲说过，是精义入神，知几先见，充满灵感，做事情十分有灵气的状态。如果没有这个虑，定、静、安一定是假定、假静、假安。

得，则是做事情有把握，靠谱，且每每成功也不觉得意外的状态。"色斯举矣，翔而后集"，山上的雌雉，一飞，一停，恰到好处，止于至善。它们很有把握，也不觉得这是一件很了不起的事情，视之如寻常。

我们从第二套功夫的角度，便是这么看定静安虑得的。定，是做事情有底气；静，是做事情从容；安，是做事情带劲，有斗志；虑，是做事情充满灵感；得，是做事情有把握且每每成功。

当我们处于直心而行的当下，会感受到自身的定静安虑得，当下会肯认它。当下对定静安虑得的肯认，也就是对真乐的肯认。

从原理上说，我们做事情的时候状态是定，并且对定有个真实的肯认，我们必然同时做到了定静安虑得——否则这个定就是假的。从第二套功夫上看，定静安虑得一定是一齐俱到的。直心而行，必然做事情是有底气、从容、充满志趣、灵敏、能成事的。这里面，有一个不是，都不是真乐。有的人觉得自己很聪明，常常感受到自己聪明，其实他的那点小聪明，他想到的那些创意，别人早就想过了。这就是定静安得都还没有，只肯认自己的虑，这就是自以为是了。

我们回到当下，读者在看书，很专注地体会定静安虑得是什么状态，这时候，心思全在自己身上，这个是定。这时候，日常生活中的琐事不会扰乱自己，不会一边看书，一边担心别的事情，这个从容就是静。读书的时候充满兴致，不由自主地做着笔记，这个是安。看的过程中，时而觉得受到启发，时而觉得讲的和我心中所想一样，这个灵光四射的阅读状态就是虑。在这个读书过程中，感到自己实实在在的进步，这个就是得。（定静安虑得，是人心本有的状态，阳明说"乐是心之本体"，定静安虑得就是乐，也就是心之本体。）

这个定静安虑得，总而言之就是一个真乐。我们在定静安虑得的时候，肯认着当下；在觉得不太对劲的时候，一觉已消除，已然回到本体状态。这样，这个真乐可以周流不息。

　　所以，淮南格物第二套功夫是不间断地做间断功夫。间断指的是这个阶段我们总是时不时偏离这个真乐本体，而不间断是说我们要不停地做当下的功夫。这个不停地做，是循序渐进的。一开始，一天能有十分钟，心体保持在这个真乐中，就已经很不简单了。这十分钟，功夫在做，气量就在长，心量就在扩充。可能下个星期，我就从十分钟的真乐变成了十二分钟的真乐，这就是功夫的长进。可能再过一个星期，我从十二分钟退步到十一分钟，这也没有关系，至少比两个星期前有所进步了。肯认真乐这个功夫，不能心急，是个终身行之的功夫。而且常常是前进三步，后退两步。但是，我大方向是往上的，能感受到这个大方向，就没问题。

　　这个不间断的间断功夫，越做，这个不间断就越是绵密，这个间断就越来越少，最终可以连成一气，昼夜都是这个真乐。这时候，就可以进于淮南格物说的第三套功夫了。

四、泰州后学对真乐的肯认

一庵：《和答董罗山二首》（其二缺）

1. 平生不解皱眉头，一乐能消百欲愁。

我平生不做皱眉头的事情，一个乐字就能消弭百般欲望和愁苦。

2. 真体莹时光曜斗，此心慊处气横秋。

真乐本体晶莹之时，光耀日月五行星和北斗（曜指日月星，七曜指日月和金木水火土五星）。此心自足之时，气息横贯秋空。

3. 琴方得意常悬壁，鸥共忘机并宿洲。

弹琴弹到得意的时候，常常就不弹了，把它挂在墙壁上。一群沙鸥同在一气生生之天机中，相忘于此天机，一同栖居在江中沙洲上。

4. 独坐江门无所事，只看江水逝悠悠。

我独自一人坐在江门这个地方，只是看着眼前的江水悠悠流逝。

一庵这首诗在在指点着真乐本体。这个真乐，就如沙鸥在沙洲上自在地栖居，这个栖居本身就是真乐所在。沙鸥没有主动地意识到这个生意，却就在这个生意之中。同样的，弹琴的行为本身就在真乐之中，在弹琴的过程中，有一刹那，人的状态与天地达到了一种极佳的契合，人与琴、与天地万物同在此生生不息之一气中。这种快乐，当下便是，过而不留。如果这时候，反复回味那种快乐，这快乐便没有了。这种快乐只在直心而行的当下，不在反思之中。

天地间的生意贯穿身体，正是这个生意触发了人弹琴的行为，这个时候，是"琴方得意"之时。而人主动要去弹琴，希望通过弹琴这一功夫，希望体会到一个本体，如此，则功夫和本体分成了两件事。永远没有办法达到人和天地的"共振"。

也就是说，"琴方得意"的弹琴，其动机是宇宙生意，是宇宙生意在人身上的发窍，这也是真乐作用的方式；人若弹琴弹到得意处，为了保持、体会这个得意的感受，继续弹下去，这时候，动机是人为的造作，这个"得意"的根源就消失了。

得意，就是得此生意，得此鸢飞鱼跃的本体，也就是对真乐本体的肯认。

心斋的弟子朱光信是一位樵夫。他每日砍柴回来，路过心斋家门口。心斋在屋子里讲学，朱光信就把柴火倚在门口，坐在门槛上，听心斋讲学。光信先生听到得意之处，就不往下听了，只是背起柴火，浩歌而去。

朱光信不继续听下去，而是浩歌负薪而去，这就是"琴方得意常悬壁"。这是真乐运行无碍的状态，真乐运行，定不会贪恋好的道理或者好的琴声，只是安住于此真乐。后来，有位有钱人希望光信先生与他一起游学，并且提供他足够侍奉老母的钱。朱光信拒绝了，认为那个人不是真的爱自己的学问。光信先生的学问，全在他的生活中，全副生命就是学问，就是真乐。冬天的时候，光信先生只穿一件单衣（也是因为贫困），一样砍柴、听课，一样行吟自如。（详见海门先生《圣学宗传》）

一庵有许多诗，从中也可以看出泰州学人如何当下肯认真乐：

《示讲堂诸生》

1. 讲堂游侣发歌声，天籁无端日夜鸣。

一庵讲课的时候，一位游学的学友突然唱起歌来。就如朱光信听心斋的课，听着听着，突然浩歌。这个歌声，是人在听课的时候，内心状态直与良知一致，自然而然发出的歌声。这个歌声没有人的造作，只如天籁一般，其声自来。如同风吹过山岗，便有虎啸一般的声音；吹过树林，便有群鸟叫唤的声音。学友在讲堂所发的歌声，如同日日夜夜、无端而来的天籁。

2. 真乐得来非色象，良知悟破自灵明。

内心与真乐契合的时候，那种感受不是色象可以描述的。人悟破了良知，内心自然通透明亮。

3. 见闻情识休相混，势利纷华岂足撄。

见闻（比如对良知的理论上的理解）情识（比如涨工资了，那个高兴，就属于情识上的高兴，而不是真乐）休要和良知真乐相混淆，世俗纷华的权势利益完全不足以扰乱良知真乐。

4. 此是乾坤真诀窍，敢矜私秘说师承。

这个是天地间真正的诀窍，我怎么敢把心斋老师教我的这个良知真乐藏起来呢？

又：《起复北上，城中诸友饯于宏道堂。有歌殷情莫负离言者，赋此答之》

1. 别离今日更何言？珍重人持一念坚。千载不传真圣脉，百年难遇此天缘。

今天我们分开了，别的话一句没有，只希望我所珍重的诸位学友，你们能够在心中坚固地持守住一念。这一念是千百年来没有传承的圣学的真血脉，是难遇的天赐良缘。

2. 但将乐学时时尔，自有生机泼泼然。道在人宏原易简，悟来风月正无边。

这一念，就是将心斋先生的"乐学"（也就是真乐）时时在生命中涵养，自然而然心中便会充满生机，活泼泼的。圣人之道是要靠人来使之宏大的（饯行的地点就叫宏道堂），而这个圣人之道原本是最简易直截的，悟到的时候，也就是眼前这无边的风月。

又：《别家乡诸友叠前韵》

1. 濯耳听披肝膈言，百年此会定须坚。好攀逸驾追先哲，莫遣凡情恋俗缘。

家乡的朋友，请您洗耳恭听这一番发自肺腑之言。我们这次的集会，在这百年之中，一定要树立起来，集会中所讲的（即后文的"认得反身真乐"）东西，不要让它成为一场闲谈，而要用我们的生命去践行它！肯认这个真乐，我们就如同搭上了先哲"开往春天的列车"，不要把自己陷溺在凡事的牵绕之中。（心斋："学者不见真乐，则安能超脱而闻圣人之道？"）

2. 认得反身真乐处，会于日用各安然。乾坤许大经纶事，只在亲亲长长边。

要认识我们身上本有的真乐，这个真乐在日用中，运行自如，一切都稳稳当当。以这个真乐之心，对待父母便是知孝，对待兄长便是知悌。天地间不管多大的事情，都只在侍父母尽孝、侍兄长尽悌这些事情上。（心斋："圣人经世，只是家常事。"）

东厓先生是心斋的次子，从小受到父亲的熏陶，便有这个快乐的气象。东厓十四岁的时候，精通音律，善于操琴。阳明先生把一把玉琴送给小东厓。东厓说："这是王公贵族使用的东西。"言下之意，我东厓一介布衣，这个东西与我的生命无关，我不当有它，也不需要它。因而辞谢了阳明先生的美意。更早一些，东厓先生九岁的时候，跟随心斋去阳明先生家读书。一天，阳明先生和千余人集会聚讲。阳明先生命童子歌诗，众童子都怯场，而唯独东厓高歌自如。又一天，进入阳明先生家时，几十只狗对着东厓狂吠。九岁的东厓拱立不动，神色自如。阳明先生十分惊喜，说："此子器宇不凡，吾道当有寄矣。"

东厓小时候，时时刻刻彰显着对真乐的肯认。他有底气，凡事不求于人，自乐自足（定），面对大的场面十分从容（静），这份从容又不妨碍他充满兴致地歌诗（安），他歌诗时灵光四射（虑），他的一言一行都在自己掌控之中，稳稳当当（得）。

东厓时时肯认这个真乐本体，真乐本体运行无碍，久而久之，东厓就养成了浩然之气。（《行状》："（东厓）年未及二十，而丰仪修伟，神情朗豁，望之者俨然，知为有道气象也。"）

　　韩乐吾是朱光信的弟子，同时也由光信引入心斋门下学习过，后师从东厓先生。今读《乐吾韩先生遗事》，感觉到乐吾先生，真乐根于内心，时时肯认，流行无碍，终日不离，终生不离。

乐吾先生刚由光信先生引入心斋门下时，心斋门下皆海内名贤，乐吾先生穿着粗布衣和草鞋，大家都没有把他当成学儒学的人。乐吾终日只是打扫屋子而已。但是乐吾先生卓然自立，在人群中十分不同。（心斋先生诗云："莽莽群中独耸肩，孤峰云外插青天。"便是说乐吾在莽莽人群中独自耸立双肩，仿佛是群山之中仅有的一座高耸的孤峰，直插云外。）当时，心斋门下学者众多，其中有一些浅薄的人嗤笑乐吾先生的行头只有一身襄衣，乐吾先生便写诗说：

1. 随我山前与水前，半蓑霜雪半蓑烟。日间着起披云走，夜里摊开抱月眠。

这身蓑衣随我走过山前，随我走过水前。这身蓑衣一半时间顶着霜雪，一半时间顶着云烟。我白天起床，就披上它，也就是披着云彩行走。到了夜里，我把它摊开作为被子盖着，也就是怀抱明月入眠。

2. 宠辱不加藤裸上，是非还向锦袍边。生来难并衣冠客，相伴渔樵乐圣贤。

世俗的荣辱不会加到藤编的蓑衣上，人间的是非往往是向着锦袍而去。我生性难以和身着衣冠的人走在一起，我还是适合与渔夫、樵夫一起，活在圣贤的快乐中。（乐吾先生的第一位老师，心斋的弟子朱光信，便是一位樵夫。）

乐吾先生学儒之后，家人十分反对，觉得自家世代以烧窑为业，乐吾不务正业。乐吾的兄长把心斋先生赠与的、乐吾十分看重的儒巾和深衣都毁掉了，而且痛打了乐吾。乐吾先生没有和兄长辩解，内心平静，且不改变志向。过了好几天，在兄长实实在在看到了他工作生活更加勤奋、有效率之后，乐吾才和兄长说，自己和心斋先生学的东西不是不务正业的东西，而是能让生活更加轻松快乐的学问，现在一天能干两天的活儿，一个月能有以前两个月的积蓄，一年能置办以往两年才能置办的家用。

乐吾先生拜谒孔庙后，归家的途中夜宿酒店。店中有妓女对乐吾作出亲昵的举动。乐吾严词说："我为了拜谒孔庙而来，今夜不慎误入您家客栈。"妓女再三引诱，乐吾便关门静坐到天亮。早晨，乐吾和妓女说："我昨天误投您家中，导致您没有能接待其他客人，我身上有一点银两，作为补偿。"（乐吾是比较穷困的。）妓女留乐吾吃饭，乐吾不答应；恳问乐吾姓名，乐吾不回答。后来乐吾的同乡人路过，妓女说了乐吾的状态，乡人才知道是乐吾先生。

有一次，乐吾去安丰向心斋先生学习，遇到强盗。乐吾十分镇定，好像遇到普通路人一样，说："你们三位半夜劳苦，我知道你们不是等我，而是想等有钱人，你们打劫一次就足够日用所需。奈何我是个穷人，身上只有五吊钱、一件衣服，惭愧，东西不多。但是内衣请你们一定给我留下，不能让我裸露形体。"强盗拿着衣服和钱走了，走到半路，越想越觉得不对劲。回头一问，竟然是乐吾先生。（乐吾先生曾经在旱灾，大家都交不起田租的时候，四处赚钱，把族人赎回，也不止一次地救乡人于水火，其事迹，兴化、安丰一带的人早已熟知。）强盗说："我等小人冒渎夫子，死罪，从今而后，当改过。"说完，把抢到的东西丢在地上，跑走了。

有一回，乐吾走远路，路上遇到暴雨，他的衣衫都湿透了，但步履依旧安闲。同行的人说："这么大的雨，怎么不快点儿走呢？"乐吾徐徐回答："前面不也是暴雨吗？"乐吾继续从容快乐地行走。（乐吾诗"而今养得天君定，劈面风来也不寒"也是此意。）

乐吾先生这样的事迹不胜枚举。似乎乐吾先生就没有不定、不静、不安、不虑、不得的时候，整个人都在此真乐本体中。

五、肯认真乐的注意事项

1. 这个对真乐的肯认不是一种对象化的反思，哪怕是上一秒我直心而行，这一秒我反思到自己做得很好，都不是这里讲的肯认。

肯认一定是同时性的。比如我给父亲按摩，这个按摩的同时，我是十分开心的。这个"同时"是绝对的同步，没有一丁点时间差。这个肯认，是伴随着我的行为同时有的一种和这个行为相关的、积极肯定的态度。这个肯认不是对象性的意识，而是非对象性的。比如，我在吃饭，饭很好吃，我吃得很带劲。这个带劲的感觉，就是在我快速舞动筷子的当下以一种实实在在的运动呈现出来的，而不是以对象性的意识。

常人吃饭的当下，他吃得很带劲，可能他当时都没有注意到自己吃得很带劲，只是在吃完饭后能反思到当时吃得很带劲。而肯认真乐的功夫，则是要把握到这种带劲感，并且肯认它，安住于此，使之保持得更久一点。

2. 因为是"绝对的同时"，是当下，这就要求这个功夫不是在日常生活之外寻个真乐，而是在日常生活之中把握这个真乐。比如此刻你看书，就在这个看书的过程中肯认内心的真乐。

3. 一开始做功夫的时候，有的学友很难有这种快乐，一天可能只有十分钟。有十分钟快乐那就保持十分钟，这十分钟就是在直心而行，就是在养气。久而久之，功夫就变得顺手熟练，本体更容易呈露，每天快乐的时候就多起来了。一开始，每天保持几分钟，这个不要紧。但一定要每天做这个功夫，长久地做这个功夫。我们以前说，第一套功夫不能当饭吃，因为那是事后反思的功夫，还要求机缘巧合、外缘触发。而一觉已除和肯认真乐的第二套功夫都是时时刻刻可以做的，当下可以做的，不需要任何条件的功夫。因而第二套功夫，可以"当饭吃"，而且越做越快乐。

4. 这个真乐，一定要认得真。什么感觉是真乐呢？当你觉得自己真乐的时候，感受一下，此时是否也同时是有底气的、从容的、充满志趣的、灵光四现的、步步为营的（定、静、安、虑、得），如果不符合这些，这个感受恐怕不是真乐。心斋说"不学不是乐"，不合于圣人之学的快乐都不是真正的快乐，可能只是情识、人伪。

第八讲

诚意慎独①

一、心斋、一庵对"意"的理解

从《大学》的八条目（格致诚正修齐治平）看，淮南格物说第一套功夫是格物、致知，第二套功夫是诚意，第三套功夫是正心、修身、齐家、治国、平天下。其中，诚意功夫是初学的重中之重。心斋说："《大学》功夫，惟在诚意。"从上两讲亦可看出诚意功夫的重要（可以时时刻刻做，所谓可以"当饭吃"）。

这一讲，是第二套功夫的第三个面向，诚意慎独。说诚意功夫，可以泛指整个第二套功夫，包括一觉已除、肯认真乐、诚意慎独；也可以仅指本讲所说的功夫。名相概念，望读者明确其所指。

---

① 标题又写作：淮南格物说第二套功夫（诚意）之三——诚意慎独。

　　要学习诚意慎独的功夫，首先要知道泰州学派对于《大学》的"意"的理解。因为本书旨在指导实践，为了便于大家实践，历代儒者对《大学》"诚意"的"意"怎么解释，在此我们省略不谈。以往读过宋明理学的学友们，也希望你们在理解泰州学派的"意"的时候，暂时不去联系朱子如何讲意、阳明如何讲意、蕺山如何讲意，以免穿凿。

　　泰州学派说的意，就是本体，就是贯穿宇宙的仁，就是生生不息的乾道。打个比方。仁体，就像一条地下河。每个人的人心，是这条地下河上打出的井口。地下水（仁）从这个井口卜喷涌出来，这就是仁体（亦即生意）在每个人身心上发窍。仁体在小孩身上发窍，他就孝顺父母。仁体在母牛身上发窍，它就舐犊情深。仁体在春天的小草上发窍，它就欣欣向荣。仁体在冬天的大地上发窍，它就一片白茫茫的，存续生机。整个宇宙都在这个生意之中。这个生意是全体宇宙的"意志"，这个意志，是个比方，不是说宇宙有思想，有意愿，而是说整个宇宙的状态是不断生生的，在一气周流中生生不息的。同时，宇宙的生生，也就是世间万物一同之生生。这个"一同之生生"，不是说大家都是小草，都是欣欣向荣。父慈子孝就是一同之生生。老人家希望小孩子快快成长，给小孩子以自己全部的生命智慧，仿佛是落叶给树根以养分，滋养新的小芽儿。

　　万物一同生生，就像是一辆骑行中的自行车。车轮上，有的点在往前进，有的点在往后退，但是整个车轮在往前走。自行车的脚踏板，一个在往前踩着，一个在往后倒着，但是整个脚踏板和车一同往前运行。

"野火烧不尽，春风吹又生。"对于野草来说，它那春风吹又生的"主意"便是生意之发窍，而这个生意是连着万物一体之仁的，是连着身心家国天下一身之大身体的。"落红不是无情物，化作春泥更护花。"对于落花来说，它到了凋谢的时候，没有任何造作，只是日渐干枯，粘在花萼上，忽然一阵风，它便落到泥土上。这个落花的状态和怒放的状态都是生意流行的本然状态。这是最真的，没有一点人伪造作；这是最美的，花开花落，其情景不同，然其展现出宇宙生生之大美，则毫无差别；这是最善的，这是宇宙生生之仁，至善无恶。因此，无论是新草（生长）还是落花（收藏），其"主意"，都是仁，都是良知。

孟子那里，人不虑而知的是良知，这个良知不是人的作为，而是本自宇宙的一种先天特征。在阳明这里，良知一样不是个人的某种心理机制，而是万物存在的一种基本形式。陈立胜老师曾经的一个观念深深启发了我——很多我们现在以为的拟人，其实是"拟天"。比如天雷震怒，这个看起来是用人的一种情感比拟天的一种气象。但我们从宇宙看，这个怒，是阳气鼎盛的一种状态，如鲜花怒放之怒。而人的怒（不是指所有怒，而是特指人的身心处于高涨状态的那一种，比如猎人用标枪怒掷野兽），只不过是万物生意到达鼎盛状态（元亨利贞的亨）的一种特殊表现形式。阳明先生说草木瓦石皆有良知，并不是用人的一种心灵极致去比喻草木瓦石。而是指草木瓦石和人同此生生不息之一气。此生意，在人身上发窍为良知，在草木瓦石身上发窍为草木瓦石的存在形式。而且人和草木瓦石还是一体相关、分环勾连着的。草木长在那里，人不忍毁伤，看到别人去毁伤它会不愉快。人可以在一定程度上安排草木瓦石的分布。另一方面，草木瓦石也可以供人之需，可以做药材，可以盖房子……

综上所述，我们可以看出意的三个内涵：

万物一身之"生意"，此万物一体之仁；生意发窍于每一物之"主意"，此万物的良知、仁心；万物的仁心相互作用感应，也就成了一个"分环勾连的因缘整体"（海德格尔《存在与时间》中的概念），这个整体，也就是万物一身之生意。

这三个内涵，其实就是两个——生意、主意。

心斋："《大学》工夫，惟在诚意，故诚意章前后引《诗》道极详备，'文王於缉熙敬止'，'止仁、止敬、止孝、止慈、止信'，以至于'没世不忘''止至善'也！"

《大学》的功夫，就在诚意上。所以《大学》诚意这一章前后，反复引用《诗经》，十分详尽。《大学》诚意一章："《诗》云：'穆穆文王，於缉熙敬止！'为人君，止于仁；为人臣，止于敬；为人子，止于孝；为人父，止于慈；与国人交，止于信。"这个止于至善，一直做到终身不忘。

（《大学》古本诚意一章说"前王不忘""民之不能忘""没世不忘"，都是说不要忘记诚意。诚意就是去止于至善！）

心斋的这个"诚意"，不是我心里怎么想，就怎么表现出来。这个意，不是常人的这个复杂的心所发出的意思，而是万物一身之大身体的这个生意，在人心的发窍。因此，这个生意发窍，必定是见父自然知孝、见兄自然知悌，必然是为人君止于仁、为人臣止于敬、为人子止于孝、为人父止于慈、与国人交止于信。心斋的这个诚意，是由这个发窍的井口而诚此源源不断之活水。这个活水，同时连通着整个地下河。

淮南格物的第一套功夫是格度体验到身为天下国家之本，体会到万物之为一身（生意）与吾身为万物之本（主意）。这是事后的体验，是找感觉。而第二套功夫，则是安住于此身，是实实落落地让身心作为天下国家之本。这个功夫是当下功夫，时时刻刻去做，不间断去做。所以前王不忘去诚意（否则国家不能安定），民之不能忘此诚意（否则人生不能完满），没世不忘去诚意（否则天地不能变化，草木不能繁盛，终日是个长戚戚之小人而不得出头）。

读者须注意，本节的标题是"心斋、一庵对'意'的理解"，这里并不是在讲第二套功夫之三（诚意慎独），而是在讲整个第二套功夫，诚意功夫的这个意。具体的诚意慎独的功夫，将在后面的小节展开。

心斋对意的理解，被一庵阐述得十分明晰。

一庵：

1. 旧谓意者心之所发，教人审几于念动之初。窃疑念既动矣，诚之奚及？

先儒旧说，意，是人心发出来的。旧说教人在念头刚刚动的最初时刻，去审查这个念头，去研磨这个细微的心灵时刻。我窃疑，念头既然已经动了，哪怕是刚刚动，它也是动了。人心是有私欲掺杂的，这个时候，念头一动，难免是善恶掺杂，这个时候去诚意，去让这个念头真诚，是不是已经来不及了？

一庵所说的旧说，这个意是人心所发。而泰州学派所说的意，首先是贯通万物一身之大身体的各个静脉血管的大生意，这个大生意在人心发窍。所以，常人的人心发出一个意念，这个意念，便不是心斋学所说的意。心斋诚意，是诚那个生意。比如上一讲肯认真乐，真乐是生意在人心自然的运行，而诚意只是让它如实运行。用阳明学的术语，这个时候心意知物都是至善无恶的。这个时候是形而上的天道和形而下的人心的完全同一。诚意是诚这个意。

2. 盖自身之主宰而言，谓之心。自心之主宰而言，谓之意。

我们说的意，不是旧说的意。从吾身的主宰来说，这个主宰叫做心。从心的主宰来说，这个主宰叫做意。

这句话，很多人都不解，但这句却是了解泰州学派诚意功夫的关键。学者会疑惑，在旧说看来，意不是心之所发吗？说主宰，也应该是心主宰意啊，怎么可能是意主宰心呢？

这恰恰看出泰州学派对意的理解，和通常的学说十分不同。这个意，首先是万物一身之生意。这个生意在每个人身上发窍，这就是本心了。（阳明先生说良知是"造化的精灵"，"生天生地，成鬼成帝"，这个意义上的良知也就是这个宇宙一体之大生意。）这个生意亘古不变，甚至没有人类，这个生意还在。这个生意落实到仁心，自自然然就是君君臣臣父父子子。所以这个意是心的主宰，心是身的主宰。我们常说的直心而行，就是这个生意直接贯彻身心的一切活动——一口气通到底。（放在心学的框架中，正是因为这一点，这个诚意不但是纵贯心意知物的，而且横向地也包含了"为人君止于仁，为人臣止于敬，为人子止于孝，为人父止于慈，与国人交止于信"，包含了止于至善，包含了身在宇宙中的至善的安顿。）

我上面的解释，是分析说，其实还不是很合适。更准确的翻译则是：天地间的生意（仁体），从这个生意（仁体）是身的主宰的角度看，这个生意（仁体）就是心。从这个生意（仁体）是心的主宰的角度看，这个生意（仁体）就是意。有前面的分析，如此直译便不难理解。

3. 心则虚灵而善应，意有定向而中涵。非谓心无主宰，赖意主之。自心虚灵之中，确然有主者，而名之曰意耳。

心，是虚灵的，外界有什么感，它就去应。有父来感，它便知孝。意，则是有个定向（生生、仁、至善），但这个定向不是外在的规范，而是内在于本体中的。君君臣臣父父子子，不是外在的规矩，而是天地间的生意一口气通到底，自然而然呈现出的纹理，也就是心斋说的天理即良知、良知即天理，也就是"文明"。

我们说意是心的主宰，不是说人的本心没有主宰，需要有个外在的意作为主宰。（心本就是意在人身上的呈现方式，心就是意。）我们只是从心的虚灵善应之中，有个确实的主宰这个方面，指示出一个生意而已。

自明代以来，学界往往认为泰州学派有情炽而荡的问题，认欲作理的问题，赤手搏龙蛇的问题，近于狂禅的问题。这是"人病"，而非"法病"。泰州教法，十分严密。

4. 大抵心之精神，无时不动，故其生机不息，妙应无方。然必有所以主宰乎其中而寂然不动者，所谓意也。犹俗言"主意"之"意"。

大致说来，人心的精神，没有一刻不在活动，所以生机不会停息，心巧妙地应对万事而无具体的限制。然而，心中一定有个主宰，而让此心寂然不动的东西，那就是意。就像俗话说的"主意"（例如"做事情不能三心二意，要拿个主意")的"意"。

这里是从人心上说，自下而上说。人心无时无刻不在活动，即便人心有很多私欲，人心常常麻木不仁，但是生机也不会间断的。一个小偷小摸的人，突然看到一个小孩要掉进井里，心里也会"咯噔"一下，有怵惕恻隐。再麻木的人，良知也是藕断丝连地在他心中。只要人心在活动，生机就不会停息，只要生机在作用，那自能妙应无方。(《易》曰："神无方而易无体。"生机，就是乾道变化，就是生生不息的气机。神无方便是生机不息，妙应无方。)

然而，一定有个东西，主宰这个无时无刻不在活动的心。那个主宰一定是寂然不动的。那个主宰就是贯穿宇宙的生意。有这个主宰做主，人就拿定了主意。老百姓面对一些道德抉择，常说，你摸摸自己的胸口，摸着良心，就知道怎么做，就有了主意。

也可以从意上说，自上而下说。天地间的生意，在人身上发窍，主宰着人的生命。在人看来，这个生意就是主意。

5. 盖意字从心从立，中间象形太极圈中一点，以主宰乎其间，不著四边，不赖倚靠。

汉字"意"由三个部分构成，下面是个心，上面是个立，中间是个"曰"字。中间这个字就像是太极，字形是圈圈中一个点。这个太极，也就是万物一体之生生。春生夏长秋收冬藏，就是不停流转的太极。这个像太极的"日"字，就在"意"字的正中间，上面不连着"立"字，下面不连着"心"字，这个太极，不著四边，不赖依靠。

一庵这样解释，生意和主意二者的关系就很明确了。宇宙之大生意，是绝对而永恒的存在，人心是这个大生意的发窍。因为有这个发窍，人在世上就有了主意，有了主张。这个主意，也就是阳明所说的良知。这个主意，根于性天，魑魅魍魉瞒它不得。人的主意，人的良知，是人生命的主宰，人于此树立，于此站稳脚跟，也就是立于心（"立"字加"心"字）。人也就拿定了主意。

看这个"意"字，先看中间的太极，这就是生意。再看这个太极在人心的发窍，生意发窍为人心，这便是人的本心。这个本心就是人心、道心合一的心体。整个"意"字，也就是主意、良知。

6. 人心所以能应万变而不失者，只缘立得这主宰于心上，自能不虑而知。不然，孰主张是，孰纲维是？圣、狂之所以分，只争这主宰诚不诚耳。

人的心之所以能在日用酬酢之中，应对万变，不失主张，只因为人心站立在这个大生意（大主宰）上，这个大生意大主宰自然能贯通人心，应对人世中的各种变化（所谓"一口气通到底"）。如果人心没有稳稳站立在大生意这个地基上，什么东西能主宰这个心呢？什么东西能做这个心的纲维经纬呢？（有了这个纲维，万物始能各一其性，君子始能"素其位而行，不愿乎其外"。）圣人和狂徒的分别，只是这个主宰（大生意）真不真。（淮南格物第一套功夫中的辨志立志，就是真实体会这个大生意，这个主宰——看准自己的生命动机是大生意上来，还是其他地方来。看准就可以了。如果不是从大生意上来也没关系，只要不自以为是就好了。而淮南格物第二套功夫，则是当下要把这个大生意"一口气通到底"。）

愚按：从心斋先生在世时到今天，太多人误解泰州学派，斥为狂禅，背离名教。今年 2016 年（丙申年），距离心斋在东淘精舍开讲的那一年（也是丙申年）整整八个甲子。我们现在要破除这个对泰州学派的成见，并且接上这个圣贤传下来的真血脉。

7. 若以意为心之发动，情念一动便属流行，而曰"及其乍动未显之初，用功防慎"，则恐恍惚之际，物化神驰，虽有敏者，莫措其手。圣门诚意之学，先天简易之诀，安有作此用哉？

如果把《大学》"诚意"的"意"字解释成心中所发动的，那么情念一动都是意的流行。在这种情况下，你说："在意刚要动，但是还没有完全动，所谓将动未动的刹那间，在这个时候做功夫，去防范意往不好的方向动。"恐怕这么做，在意念乍动的瞬间，外物在变化，精神在飞驰，一念三千啊，就算对内心世界再灵敏的人，都难以下手。儒门《大学》中的诚意之学，是先天的学问（不是人创造出来的，这学问本在天地间，人只是将它揭示出来而已），也是简易的学问（愚夫愚妇，告诉他，他也能知能行），《大学》的诚意，怎么会是这么用功的呢（即省察克治于念头将动而未动之时）？

8. 或曰：意犹主意，不与志相类乎？

曰：意略在前，主意立，而后志趋定矣。

学生对一庵先生关于"意"的解释提出疑问："您说意就像俗话所说的主意的意，这么一来，意和志不是相似吗？"

一庵说："和志相比，意稍微在前一点。主意立定之后，志向慢慢趋近于定。"

淮南格物第一套功夫的第三点，辨志，是要在一件事情过后一段时间，在机缘合适的时候，回想这件事的动机，这个动机是从本体上来的，发自仁心呢？还是发自自己的私欲安排？

人的仁心，也就是良知，它是人的主意，这个主意是从万物一体之大生意上来的。主意是人心的主宰，人心有了主宰，就有了定向。

这么看来，主意和志是分不开的，非要区分，则主意略在前，志略在后。

第一套功夫的第三点，还有一个是立志。立志，就是在自己状态比较好的时候，有意识地给自己打个气，让自己的志向直接根植到生生本体上，也就是让生生本体短暂地贯彻自己，自己的一举一动便都从本体上出。这里的立志，只是一时的，很快就不能坚持，因为心量没到这个地步，养气没到这个地步。就像是卖化妆品的，总有个体验装。第一套功夫第三点，就是试用一下体验装，体会一下身心家国天下一身是怎样的感受。

在立志功夫的短暂时间里，人可以感受到：1 宇宙大生意，2 到人心的主意，3 到和主意结合在一起的人言行的定向，4 到自己动作言行全在此定向之中，所有这些一气贯通，一口气通到底。这个感受，也就是格度体验身心家国天下为一身，而吾身为家国天下之本。

第二套功夫，则是当下的，真实地把人的言行安住于身心家国天下一身的大生意上。所以可以说，两套功夫都是意上用功，一个是体验意，一个是安住于意。但是它确确实实是两套功夫。我们下一讲将仔细梳理心斋对淮南格物功夫次第的辨析。

9. 然篇首"定而后能静"，定字本应诚意。注云"志有定向"，亦是说主宰定也。志与意岂相远哉！

然而《大学》开篇不久说"定而后能静"，这个定字本是对应着诚意来说的。注释说"意志有确定的方向",也是说有个主宰(主意)。志和意,二者的意思相差并不远。

10. "诚意"谓之"毋自欺",谓不自欺其良知也。"如恶恶臭,如好好色",形状出良知之不自欺者,而指之以示人耳。

《大学》中说:"所谓诚其意者,毋自欺也,如恶恶臭,如好好色,此之谓自慊。故君子必慎其独也。"

说诚意是"毋自欺",指的是不自欺自己的良知。"如恶恶臭,如好好色",这句经文是形容出良知不自欺的状态,把这个状态指示给学者。

阳明说致良知,须知,致良知也是我的良知去致良知。不是有个良知的概念,然后奔着那个概念去。这样,致良知就是成圣成贤的私欲去致良知,这样致良知是人伪,越致就离良知本体越远。此处说不自欺,也是要良知不去欺骗自己。什么是自欺呢?比如你打麻将输了钱,回到家,冲孩子一通发火,说孩子这里也不好,那里也不好。这时候,你心里会时不时地有一丁点不对劲的感觉,这就是良知自己知道你当下的行为不是真的为了孩子好,而是掺杂了太多自己的私欲。可是,你刚有一点点不对劲的感觉,立马生出矜持心,认为自己完全是为了孩子,把良知遮盖住。于是你继续理直气壮地教育孩子。这个时候,孩子往往不能接受你的训导,而且很容易意识到你这样很大程度是因为输了钱，导致情绪急躁。所谓良知不自欺，只是良知时时出现，你不要自欺自瞒它，就让它发挥作用。所谓良知自欺，只是良知时时出现，你又时时当它只是多虑，遮掩它，忽略它，自欺欺人，硬着头皮，就当良知没有出来提醒过你。

阳明"形状出良知之不自欺"，是说，知道饥饿就已经是饿着了，知道寒冷就已经在受寒。《大学》诚意章"形状出良知之不自欺"，是说，人喜欢好的色相，就已经在喜好着了；人厌恶恶心的气味，就已经在恶心着了。曾子的《大学》也好，阳明的《传习录》也好，都是在把这个通透的、"一口气通到底"的良知指示给学者看。

11. 盖谓不欺之形状，正如人之恶恶臭与好好色，一出于自然之良知，而无一毫作伪之私杂于其念，此便是自己慊足底真功夫，而非有所待于多也。

"如恶恶臭，如好好色"是说良知不自欺的状态，就像人厌恶恶臭和喜好好的色相一样，都是出自自然而然的良知，而没有一点人为的造作安排（也就是私欲）夹杂在念虑中。这便是自给自足（这个自，指的是良知）的真功夫（这是在解释《大学》"此之谓自慊"）。只需要良知本体，不需要别的更多的东西了。

第二套功夫的第一点，一觉已除，一觉是良知自觉，直下安立于一觉之上，没有别的伎俩。一觉是良知一觉，接下来应事，也是这个良知应事。如果一觉不对劲，赶紧借助其他手段，摆脱目前处境，这就是"作伪之私杂于其念"，这个就是觉得良知还不够，良知不够，私欲来凑，这就是不能"自己慊足"，这就是"有待于多"。

第二套功夫的第二点，肯认真乐。如果真乐的同时，留恋这个真乐，赶紧去把这个真乐保存下来。写书法，写到精妙之处，这是真乐，而此时立马想要把这个状态保持住，患得患失，生怕这个状态转瞬即逝，这个就是真乐之外别作安排，这里"作伪之私杂于其念"太多，比如成为书法家的私欲、急于求成的私欲、期待别人知道自己多厉害的私欲……这么些私欲上来，这个真乐很快就没了。"琴方得意常悬壁"，笔到妙处常搁笔。古人说，"两句三年得，一吟双泪流"。吟到妙处，流泪即可，无须再吟。借着那个感觉，再吟，固然有些时候胜过平时，但终究对人生无益。"笔落惊风雨"，落笔便只去惊倒风雨；"诗成泣鬼神"，成了只去与鬼神同泣。

真乐也好，一觉也好，都是真体、本体，泰州学派称之为"独"。慎独，就是要敬慎此独体，不掺杂一丝人欲，如此，则此独体运行无碍。淮南格物第三套功夫便是从这个角度阐发诚意。（第一套功夫三点，都是格物致知，格知身本。第二套功夫三点，都是当下安住于身本。每一套功夫，都是从不同角度描述同一个功夫，这个概念上无法分析，只要去实践，实下手做，就知道每一套各自只是一个功夫。）

二、诚意慎独的功夫

心斋《答刘子中》：

1. 只在简易慎独上用功，当行而行，当止而止，此是集义。即此充实将去，则仰不愧，俯不怍，故浩然之气塞乎两间，又何遇境摇动，闲思妄念之有哉？

良知本体，何其简单！如恶恶臭，如好好色。良知发用，你不要硬着头皮，昧着良知，不去造作，这就是简易的功夫。这个本体，就是独体，要以一颗十分灵敏的心对待此独体。这个独体发用，遇到一件事情，当行动就行动，当停止就停止，事事都如此。这就是孟子说的"集义"。

这个十分灵敏的心，也是良知本有，也是真乐本有。上一讲，我们从定静安虑得的角度谈这个真乐。这个真乐一定是虑的，一定是十分精明的。这个慎独的慎，也是独体自己去慎。这个独体就是仁体、心体、意（生意—主意）、良知……

将这个简易慎独做下去，让这个本体运行下去，这就是在扩充心体，就是在养气。久而久之，则近于"仰不愧于天，俯不怍于人"，对得起天地覆载、万物供拥、父母养育。如此则浩然之气充满你的天地，充满你的大身（身心家国天下）和小身。如此则满腔子都是恻隐之心，方寸中充满沛然生机。如此则没有任何外境可以动摇本心，没有任何闲思妄念可以存留。（境无内外之分，俱在一体之仁中；念无真妄之别，皆是本体之如如呈现。）

2. 此孟子集义所生，"四十不动心"者也。若只要遇境不动摇，无闲思妄念，便是告子不集义，"先我不动心"者也。毫厘之差，不可不辨。

上面所说，当下让本体流行，慎此独体，有一刻之直心而行，就有一刻之集，有一事之直心而行，就有一事之集。这就是孟子说的"集义"。集义，则本体日渐充盈，到了四十岁则不动心（这是解释《孟子》"四十不动心"之说）。如果只是想着遇到外境不动摇，没有私心杂念，就是告子的做法，不去集义，只去强行克制，这就是告子比孟子先不动心（这是解释《孟子》经文中的"先我不动心"），这个不动心就是气魄支撑，概念支持，恰恰是孟子要打破告子的，也是淮南格物要打破俗儒的。这里面，失之毫厘，谬以千里，不能不辨析清楚。

诚意慎独功夫，只在不造作安排。常人每每造作安排。学习心学的学友，这一点常常比普通人更加严重。我们人的这个造作安排的心，就像是一群蝗虫，而独体，则如一个鲜嫩的小芽儿。《需卦》九三爻小象说"自我致寇，敬慎不败"，独体本自敬慎，安住于此，便不会败。这群蝗虫，不是本体上的，而是我自己私欲上来的，是自我的安排造作而来的。我们敬慎独体，则自己的安排造作凑泊不上，干扰不了独体的流通，独体则如植物一样生长而不衰败，蝗虫就伤不了本体这个小嫩芽。等到这个小嫩芽长成成株，则自我而来的贼寇，更加伤害不了本体了。阳明说"破山中贼易，破心中贼难"，而人的矜持、造作、安排之私，是隐藏得十分好的贼寇，甚至让你觉得它是"自己人"。（山中贼就是贼，击之则可；心中贼，则会和你打谍战。）

一庵：

1. 诚意工夫在慎独。独即意之别名，慎则诚之用力者耳。

诚意的功夫就在慎独上做。独就是意的另一个名称。

意就是生意。宇宙本体，它发窍于人心就是主意。独体就是宇宙简易本体，《易》："乾以易知，坤以简能。""易则易知，简则易从。"乾，知掌万物，只是一阴一阳，春夏秋冬，十分简易。因为简易，知掌起来就十分容易。坤，化育万物，只是阴则收敛，阳则发散，春夏秋冬来感，便生长收藏去应，十分简单。因为简单，顺从乾道就十分轻易。这就是独体。独体发窍于人心，便是诚，是慎。诚意诚此意，慎独慎此独。

意就是独。生意是宇宙运行的明白简易（"明白"者，日月就在天上，彼此相推，明明白白），主意就是人心的简易，不作伪，没有任何私欲安排，简易直行。

（宇宙之意）生意——（真我之意）主意

（宇宙之独）独体——（真我之独）直行

2. 意是心之主宰。以其寂然不动之处，单单有个不虑
而知之灵体，自作主张，自裁生化，故举而名之曰独。少
间搀以见闻才识之能，情感利害之便，则是有所商量倚靠，
不得谓之独矣。

意（生意—主意）是人心的主宰。意是寂然不动的
（生意流行，在人的此世则是君君臣臣父父子子，各有其
位，确凿无疑。"逝者如斯夫，不舍昼夜"，川水在流，而
这个不舍昼夜的本体则是亘古不变的）。这个意，自作人心
的主张，不用人去安排，自己裁成万物、化育万物（在人
则是安顿成就各自的人生），因为这个自作、自裁，所以用
"独"字来指代这个本体。

只要稍稍掺杂一点人的所见所闻、才智认识这些能事，
只要稍稍在独体之外去表达自己的情感、利害之心（比如
教训孩子的时候，既引导孩子，也方便自己抒发工作中的
不满和累积的情绪，有这个"情感利害之便"，就不是独体
了），那就是有了人为的商量（独体不商量，不讨价还价，
白沙所谓"色色还其本来"），那就是有了人为的依靠（独
体自给自足，此之谓"自慊"，不须假借外力）。有商量，
有依靠，都不能叫做"独"。

3. 世云"独知"，此中固是离知不得。然谓此个独处，

自然有知，则可；谓独我自知而人不及知，则独字虚而知字实，恐非圣贤立言之精义也。

《大学》诚意章说"故君子必慎其独也"，这个独，现在的儒者说是"独知"。这个慎独，固然离不开知（这个独体也就是良知，良知能知念虑之所发之是非）。它的意思是，这个独体自然有个知，念头出来了，是独体上来的，它自知道是，不是独体上来的，它自知道非。但是，如果说这个独知，是独有我知道，别人不能知道，那么独知二字，独字就虚了，知字就实了，独字只是来形容知字的。这样的独知，恐怕不是圣贤写作《大学》诚意一章的精深意义了！

一庵说这个独知，是简易独体自能知，独是主语，知是谓语；而人所不知而我独知之，独则是一个状语，来形状这个知的。（一庵接续阳明，给"独"字划了一个着重号，立了一个独体，明代儒学的殿军人物蕺山先生，便由这个独体引出一宏伟理论。此为明代儒学的一个大关键！）

4. 知诚意之为慎独，则知用力于动念之后者，悉无及矣。故"独"在《中庸》谓之"不睹不闻"，"慎"在《中庸》谓之"戒慎恐惧"。故"慎"本严敬而不懈怠之谓，非察私而防欲者也。

知道了《大学》里面的诚意就是慎独，那么就知道在念头发出来之后再用力克制，就来不及了。所以诚意章的

"故君子必慎其独也"，这个"独"，就是《中庸》里的
"不睹不闻"，这个"慎"，就是《中庸》里的"戒慎恐
惧"。所以"慎"本来的意思是庄严敬重而不懈怠（独体流
行，我们只是庄严敬重地任它流行，不能把私欲掺杂进来，
妨碍独体。我们不懈怠，不能放过私欲。人本来面貌就是
独体流行，只是习惯了私欲掺杂，原本简易的独体，反而
觉得陌生了，一懈怠，就离开独体，转入造作的状态），不
是说要察识私欲并且在私欲出来的时候克制防范它。（对戒
慎恐惧、不睹不闻的详细解释，请看后面第 8 点。）

　　5."慎独"注云："谨之于此，以审其几。"后儒因欲审
查心中几动，辨其善恶而克遏之。如此用功，真难凑泊。

　　经文"慎独"二字的注解说："在这个地方谨慎，以审
查其中的细微之处。"后世儒者根据这个注释，想要审查心
中的念虑动的时候，那个细微之处（将动未动之时），并且
克制、遏制它。这么做功夫，真是很难做。这里面一念三
千，常人很难抓住那个几。

　　淮南格物第一套功夫里的辨志，一定是事后功夫。而
且事后发现念动有恶，也不是要悔改，只要知道就行了。
原因就在这里。即便是事后，审查念虑的动机是否发自仁
体，都不能在这个审查之后做任何举动。

　　这里说的"真难凑泊"，意思是后儒理解的功夫，和人
的生命状态不契合。这个理论和生命实践不能合到一起。

这个合不到一起，还算好的，这样读书不过是浪费时间。如果明明合不到一起，还捕风捉影地做克制省察的功夫，就会造成很大的心火，这就很麻烦了！近溪见山农之前，就是如此。山农即帮近溪去心火。

6.《易大传》曰："君子上交不谄，下交不渎，其知几乎！几者动之微，吉之先见者也。"（按：据朱子《周易本义》注，《汉书》"吉之"之间有"凶"字，即写作：吉凶之先见者也。）则"几"字是在交际事几上见，非心体上有几动也。心体上几动，则是动于念。杨慈湖所以谓之起意，而非《大学》《中庸》所谓独也。

《易大传》说："君子和在上位的人交往没有谄媚，和在下位的人交往没有亵渎不恭，这就是知几！几，就是视听言动中的细微的方面，在这些细微方面，可以看到事情是往吉的方面走还是凶的方面走。"（比如，一个人非礼勿视、非礼勿听、非礼勿言、非礼勿动，这个人做事情合于天道，自然就是吉利的。《易》："自天佑之，吉无不利。"合于天道，则上天自然保佑他，他便万事大吉，无往不利。这个"四勿"，都能在人的一言一行中看出来。）可以看出，《周易》里的几，是在人际交通、具体事为上看出来的，并不是说心体上有细微的变动。心体本是如如不动的，如果心体上还有什么变动，那就是念头在动，这个就是杨慈湖说的起意。人不起意，不造作，那就是生意流行；起意，那就偏离了本体，就是私意做主宰，不是生意做主宰。这个起意，就不是《大学》《中庸》说的"独"了。

7.《大传》又曰："夫《易》，圣人所以极深而研几者也。"朱子解云："所以极深者，至精也；所以研几者，至变也。"以"变"释"几"，非事几乎？后儒因又谓："于心几动处省检而精察之。"以是为言，谬亦甚矣！

《易大传》又说："这《易》，圣人是用以极其深入地来'研几'的东西。"朱子解释说："之所以极其深入，是因为《易》探讨的东西是最最精微的；之所以说'研几'，是因为《易》探讨的东西是穷尽世间变化的。"朱子用"变"来解释"几"，不正是说这个几是事几吗？（而不是心上意念的细微活动。）朱子的后学根据朱子的解释，说："在心细微活动的地方审查检点，精明细致地考察这个变化。"这么立言，谬误太大！

8. 不睹不闻，非是说目未睹色、耳未闻声之时。乃心性中涵，寂然不动，目不可得而睹，耳不可得而闻之本体也。故曰"所不睹""所不闻"。二"所"字当玩！不睹不闻即所谓独，而慎即戒慎恐惧之总名也。

《中庸》："是故君子戒慎乎其所不睹，恐惧乎其所不闻。莫见乎隐，莫显乎微。故君子慎其独也。"

　　这里，不睹不闻，不是像后儒解释的那样，眼睛还没有看到颜色，耳朵还没有听到声音的时候（也就是念头未发出之时）。这个不睹不闻是在描述心性中本有之内涵（也就是独体），是寂然不动的东西。这个寂然不动的、心性本有的独体，眼睛看不到它，耳朵听不到它。（同时，在最隐微的地方也看不到它，它是最隐微的；在最明显的地方它都在在呈现着，它是最明显的。这就是"莫见乎隐，莫显乎微"。这也就是《中庸》所说的道"费而隐""致广大而尽精微"。）不睹不闻说的就是这个不可以声色形象去把捉的本体（独体）。所以《中庸》经文说"眼睛所看不到的""耳朵所听不到的"，这两个"所"字值得深深玩味！看准这个"所"就知道，不睹不闻说的是独，而戒慎恐惧总而言之就是慎独的慎。所以经文接着说"故君子慎其独也"。

　　一庵这个解释，言下之意，按照后儒的解释，经文的表达应该是："是故君子戒慎乎其不睹，恐惧乎其不闻。"君子在他还没有看的时候要戒慎，在他还没有听的时候要恐惧。而不是："是故君子戒慎乎其所不睹，恐惧乎其所不闻。"君子在他所无法看到的、无法听到的东西（独体）上，要戒慎恐惧（慎）。

　　9. 未发之中，亦即不睹不闻底物事。《中庸》本言"喜怒哀乐之未发"，非曰"未发喜怒哀乐之时"。

　　《中庸》里的未发之中，说的也不是念头未发出之时，不然《中庸》就会说"未发喜怒哀乐之时谓之中"了，而不会说"喜怒哀乐之未发谓之中"。

10. 盖谓心之生机，无时不发。当其发喜、发怒、发哀、发乐之际，皆必有未尝发者以宰乎其发，故能发而皆中节也。不然只是乱发，岂复有中节之和哉？故养其未发之中，亦即慎独功夫也。

生意下贯人心，生意便成了主意。生意发窍，则生机不断，无时无刻不在喷涌。当心发出喜怒哀乐的时候，一定是由主宰发出的。那个主宰就是生意，人有主宰，就是拿定主意。程子说，圣人之喜以物之当喜，圣人之怒以物之当怒，即此也。这就是："天地之常，以其心普万物而无心；圣人之常，以其情顺万事而无情。"天地的恒常，就是天地没有造作，只有一颗生物之心，天地普泽万物而没有私心；圣人的恒常，在于他应对万事的时候，当喜则喜，当怒则怒，没有私情造作。这就是《中庸》说的未发之中、中节之和。未发之中，就是独体，就是生意；中节之和，就是这个生意"一口气通到底"，万事万物各得其所。

如果没有这个生意（独体）做主宰，人情发动，只是乱发（自其私欲、气质之偏而发），怎么会有中节之和呢？所以存养这个未发之中，也是慎独的功夫（这就是上一讲提到的"执中之学"）。

一庵：

1. 察私防欲，圣门从来无此教法。而先儒莫不从此进修，只缘解克己为克去己私，遂漫衍分疏而有去人欲、遏邪念、绝私意、审恶几以及省防察检纷纷之说。而学者用功始不胜其繁且难矣。

在事情发生的当下同时去检察私心、防范欲求，儒门从来没有这个教法。然而，先儒几乎没有一个不是从这个方面进学修行，只是因为把《论语》"克己复礼"的克己解释成了克去自己的私欲，接下来就漫然衍生出各种功夫方法——去人欲、遏邪念、绝私意、审恶几、省防察检，这些功夫纷繁复杂，学者做功夫才开始力不从心，既繁复又困难。

2. 然而夫子所谓克己，本即"为仁由己"之己，即谓身也，而非身之私欲也。

然而孔子所说的克己复礼的这个己，是《论语》"为仁由己"的己，求仁，是从自己身上求，不从别人身上求。这个己，就是己身，也就是淮南格物所说的身心家国天下之大身，而这个大身的根本在己身，我们求仁要从己身求去。克己复礼的己不是指身上的私欲。（这个和阳明先生的解释一致。）

3. 克者，力胜之辞，谓自胜也，有敬慎修治而不懈怠之意。《易》所谓"自强不息"是也。一息有懈，则歉然而馁矣。

克己复礼的克，是勉力自胜的意思，是让己身挺立起来，让本心、让良知挺立起来。（如"克明俊德"，就是能明俊德。克己就是能己，挺立自己。）这个克字有庄敬慎重地修身自治而不懈怠的意思。独体流行，便实实落落流行，不让私欲乘虚而入。《易·乾卦》说"天行健，君子以自强不息"，天是不停运转的，日月相推，一点懈怠都没有。人本是如天之运行，自强不息。但是人由于后天习染，常常懈怠，一懈怠，独体便被遮蔽，从宇宙下贯到我们的一言一行中的这个生意就陷溺了、气馁了，各种人欲安排接踵而至。

4. 夫天，阳也，刚也。《易》之乾卦著阳刚之德也，故乾以自强言之，示天下以法天之学也。告颜子而以克己言之，示颜子以体乾之道也。

天，是阳，是刚。孔子在《易》的乾卦中指点出阳刚之德，用自强不息，来给天下人解释效法天的学问。孔子又告诉颜子挺立己身，给颜子指示出体会乾道的办法。

戒慎恐惧于不睹不闻、慎独、自强不息，都是在指点出一个不懈怠。独体流行，本是不懈怠的。放在第二套功夫中，比如一觉已除。一觉已经是良知做主宰了，这个时候私欲造作，旋即离开本体。人本是不懈怠的，不懈怠是本来状态，而人一懈怠，各种各样的理由借口就出来了，一觉之后，立刻回到他私欲的避风港。这就是懈怠。

我的一位亲人，血糖很高，平时，他的妻子让他管好自己，不能乱吃，他也能接受。他也不想身体越来越差，最后对自己、对家人都造成巨大的负担。可是，在他有的时候，饿得要命、馋得要命的时候，这就可怕了。他就给自己找一堆理由，觉得自己吃一点根本没有关系。其实他已经觉得有些不对劲了，可是他硬着头皮，瞒过这个不对劲，躲到了私欲的避风港。

人本身是不懈怠的，因为积习，有了懈怠。有了懈怠的时候，私欲一觉已除，旋即又生私欲。人便不得在生生不息的本体上站立。

这个不懈怠，放在第二套功夫中，比如肯认真乐。这位患糖尿病的病人，他已经一个星期都把饮食控制得很好了，他很快乐！但是他却没有对这个快乐的肯认。他总觉得，我一个星期表现得这么好，是不是可以稍稍放松一下，小小地吃一点甜食？他对这快乐没有肯认，他不知道最大的快乐就是目前的这个合于天道的、也让所有家人都喜欢的生活状态。他不觉得这个很好的生活状态有多好、多值得他高兴，总觉得偷吃才是好的、让他高兴的。所以他不能安住于此，时时想着偷吃——人在曹营心在汉，偏偏却是曹营将！结果，病情越来越差，让家人越发伤心。

淮南格物第二套功夫的第三点，诚意慎独，就是要敬慎此独体，不懈怠。在一觉已除的时候，不懈怠，安住于此；在肯认真乐的时候，不懈怠，安住于此。这个不懈怠完全是人人都有的能力——非不能也，不为也。

一觉已除和肯认真乐，是从正面说安住；诚意慎独是从反面说不能不安住。在我们一觉之后，有点懈怠不安住的时候，一想诚意慎独，那个安住于此的心便如磐石，坚固不移。刚开始做功夫，这个敬慎的心，时时提起。但久而久之，敬慎变成了一种自然而然的状态——这个敬慎本来就是真乐本体的一个面向，不敬慎，那个乐往往失之于狂荡，不是真正的发自宇宙生意的大快乐。

一庵：

1. 克己亦即"修己以敬"，盖敬字本是对怠而言。《丹书》所谓"敬胜怠者吉，怠胜敬者灭"是也。程子解："主一之谓敬，无适之谓一。"朱子合而言之曰："敬者，主一无适之谓。"此皆奥而难明。

克己的意思也就是孔子说的"修己以敬"。敬字本来是和怠字相对的。《大戴礼记·武王践阼》所载《丹书》中说"恭敬胜过怠惰就会吉利，怠惰胜过恭敬就会灭亡"，也是这么用"敬"字的。程子解敬字说："心只是集中于一，就是敬。不去分心于其余，就是一。"朱子把程子的话合并了一下："敬，就是心主于一而不分心于其余的意思。"这都是晦涩难明的说法。

2. 某尝更之云：不怠之谓敬。

我曾更改了一下程、朱的说法：不懈怠就叫做敬。

3. 观程子言："心懈则有防。心苟不懈，何防之有。"是即敬之谓也。而克己之非去私益明矣。

看程子说："心有懈怠就有防范私欲的必要。如果心没有懈怠，还有什么防范的必要呢？"这就是说敬啊。

愚按：程子《识仁篇》"识得此体（仁体，也就是一庵说的独体），以诚敬存之而已（就是一庵说的存养此独，也就是让此独体简易直行，不去干预它），不待防检，不须穷索"。

从这里看，克己是挺立己身，自胜自强，而不是去除私欲，更加明白无疑了。

一庵：
上蔡云："克己须从性偏难克处克将去。"故以数十年去一矜字，苦费多少功夫。若孔子之告颜渊，此心才一敬胜，便百度都归天则，真是太阳一出而魍魉潜消也。

上蔡先生说："克去私欲必须从心性偏颇难以克制的地方克制下去。"所以他用了几十年功夫去除了一个矜持心，这样苦苦费却了多少生命啊！像孔子告诉颜渊克己复礼（挺立己身），则这颗心才一敬慎，才不懈怠，各种私欲都没法进入心中，所有东西都消弭。就像太阳一出来，魑魅魍魉都消弭了。

上蔡先生几十年克制矜持心，是多么笃实有毅力，绝非常人所能。近溪那样的天资，尚且因此身患重病，差点去世。后山农点破，功夫始变得明朗开阔。泰东书院的学友，多是普通的老百姓，进入书院以前，许多已经在业余做功夫，做克除私欲的功夫，十分凄苦，成了人生很大的负担。不但对自己帮助不大，还让家庭关系变得紧张，以至于家人反感儒学了。泰州学派的功夫，只去养本体，不在细枝末节上克制，是一条从愚夫愚妇做到圣贤的大路。

一庵：

1. 学求易简，古今名言。世多不识易简宗源，只作草率疏略看。

学习，就是求个简易，这是古今相传的名言。世上的人大多不知道"简易"思想的源头，只是草率粗略看过。

2. 夫乾，确然健动，故易。坤，隤然顺静，故简。

《易经》说："夫乾，确然示人易矣；夫坤，隤然示人简矣。"

天的变化明明白白，昼夜交替，四时变迁，清晰无误地昭示世人。所以乾知掌万物才很容易。

大地春生夏长秋收冬藏，十分柔顺，所以遵从乾道也很简单。坤就是给世人昭示这个简。

《易经》说："乾以易知，坤以简能。"

天就是靠这个易，知掌照看万物；地就是靠这个简，成就万物。

《易经》说："易则易知，简则易从。"

天知掌万物以易，则知掌得就很容易——"天何言哉，四时行焉，百物生焉。"大地顺从这个知掌以简，那么大地顺从天也就顺从得很容易。

3. 吾人日用间，只据见在良知，爽然应答，不作滞泥，不生迟疑，方是健动而谓之易。中间又只因物付物，不加一点安排意见，不费一毫劳攘工夫，方是顺静而谓之简。

吾人日常生活中，只依据现现成成的良知，直率应对，不滞涩，不拖泥带水，不生迟疑，这就是健行而动，这就是乾的"易"。一觉已除、肯认真乐都有这个易。（一觉是良知一觉，肯认也是良知肯认。）

在这行为之中，当喜则喜，当怒则怒，外物如何感，我就如何应，情顺万事而无情，心普万物而无心，不加一点自己的安排和意见，不费一点自己劳攘的工夫，这就是坤的柔顺、安静，这就是坤的简。

乾坤的简易，就是独体。慎独，就是敬慎此独体。一觉已除、肯认真乐也都有这个简。（一觉，只是安住当下这一觉，没有任何安排造作；肯认也是肯认当下这真乐，不作他想。）

这个意，就是生意流行，就是乾健坤顺，就是简易独体。慎独，就是诚意，就是简易功夫。

4. 今以易简为名，而只草草便宜行事，何谬如之！先师一诗云"莫因简易成疏略"，盖为斯人发也。

当今之人，冒着简易的名号，只是草草应付生命中的事情，怎么方便怎么来，多么荒谬！心斋老师的一首诗里说"不要把简易做成了疏略"，就是为这种人而说的。

三、诚意慎独功夫小结

诚意慎独功夫，诚意就是慎独。

本体只是一个，可以从本体生生不息的角度说它是生意，可以从简易的角度说它是独体，可以从发窍于心则有主张的角度说它是主意，可以从发窍于心则不学而能、不虑而知的角度说它是良知。本体只是它，功夫但凡有一点点效果，也是它的成就。所以，当下的功夫，只是保持让这个本体如如呈现即可。

诚意慎独即是敬慎此本体，不作任何人为安排。

其实一觉已除的功夫里必然有慎独，肯认真乐的功夫里必然也有慎独。只要是当下功夫，这个功夫做对了，都必然符合慎独。所以一觉已除、肯认真乐、诚意慎独，同谓之诚意功夫。

当下的诚意功夫，做得好坏，顺畅与否，也在于对意的体认到不到位，这就是第一套功夫要做的。

见善体仁，是事后反思回味生生本体。反观辞气，是事后体会自己的这个主意是不是从生意上发出的，通过这个过程来体味此本体。辨志立志，也是辨的这个生意贯彻己身的感受对不对。辨志是辨志向是不是生意所发，立志是暂时感受一下志向从生意所发时是何种光景。

总而言之，第一套功夫就是体会这个意（宇宙大生意）、这个独体（乾坤简易之体）、这个身（万物一身），以及它们下贯到己身的感受。这是格物致知——格度体验以感受这个良知。

而诚意则是实实落落地、当下地安住于此本体上。

这两套功夫是淮南格物最基本的功夫，也是我们学习心斋的重中之重。这两套功夫，做到一定地步，则可进入第三套功夫——正心、修身、齐家、治国、平天下。

下一讲，我们来整体梳理心斋的淮南格物说的框架。下一讲就像一个桶箍，第三到第八讲这六讲就像六块木桶的板子，桶箍一箍，桶才算成形，我们始能对淮南格物功夫有一个整体的把握。

第九讲

功夫体系[①]

一、淮南格物三套功夫简述

粗略地说，淮南格物第一套功夫是格度体验到本体，第二套功夫是时时刻刻安住于本体。这两套功夫是初下手要做的，第一套是机缘巧合的时候做，这个是辅助功夫；第二套功夫是时时刻刻都可以做，这个是主要功夫。在这个阶段，人心和道心还不是一个。人的功夫还不是连贯的。人不是二十四小时都安住于本体。本体常常间断，而人常常因本体自身的力量时时涌现，又回到本体。所以，第二套功夫，是不间断地去做间断功夫。不间断者，人不停地去做功夫；间断者，本体时时间断。

前两套功夫做一天，本体便存养一天，本体因而也连

---

① 标题又写作：淮南格物说的功夫理路。

贯一些。比如见善体仁，渐渐可以从偶尔外缘触发、有些心灵震动，到见满大街都是圣人、天地万物依于己身、一人不得其所便如己之不得其所。肯认真乐，渐渐可以从零星的当下一乐，到二十四小时都在真乐中、时时刻刻都是直心而行、除此之外再无言行——"而今只有良知在，没有良知之外知。"这时候，修行可以进到第三套功夫了。

第三套功夫的前提是功夫大体不间断，日常生活中动静语默都是良知发动。第三套功夫是不间断时的功夫，有别于第二套功夫是间断时的功夫。第三套功夫是不间断地做不间断时的功夫，而第二套是不间断地做间断时的功夫。

第三套功夫，一样是有具体做法的。本章暂不展开，只简单介绍一下，以方便我们来讲解淮南格物说的功夫理路。

二、心斋对《大学》功夫层次的划分

心斋：

1. 子谓诸生曰："《大学》谓'齐家在修其身''修身在正其心'。何不言'正心在诚其意'，惟曰'所谓诚其意者'？不曰'诚意在致其知'，而曰'致知在格物，物格而后知至，知至而后意诚，意诚而后心正'？此等处，诸贤曾一理会否也？"

心斋先生和诸位学友说："《大学》修身一章说'齐家

在修其身'，正心一章说'修身在正其心'，为什么诚意章不说'正心在诚其意'，只说'所谓诚其意者'呢？为什么通篇没有说过'诚意在致其知'，而说'致知在格物，物格而后知至，知至而后意诚，意诚而后心正'呢？这些地方，'在'字用法上的差异，诸位贤人可曾理会过呢？"

心斋此处是对《大学》的"文本分析"。"在"字，在《大学》中十分重要，开篇讲"大学之道，在明明德，在亲民，在止于至善"，三个"在"字，成了《大学》全篇的纲领。泰州学派读经典，十分重视经典中圣贤的语气（心斋、一庵、近溪解经皆有此特点）。《大学》首段，从语气上看，可解为：大学之道，就在明明德这件事上！就在亲民这件事上！就在止于至善这件事上！知道了止，就有了定……

心斋根据这个语气，认为，大学之道就是明明德，就是亲民，就是止于至善。明明德为体，亲民为用，其实是一回事。明了明德，自然亲民。《尧典》中尧帝"克明俊德"自然能"以亲九族"。我有仁爱心，必能感化人，使得人人相爱；如果不能感化人，则是我的仁爱心尚不足够。我充满仁爱心（明明德）和人人趋向于仁（亲民），只是一回事，是一回事的两个方面。而怎么做这件事情呢？那就从止于至善开始下手（这一点，本章稍后讲解）。所以大学之道就是明明德（体上说），就是亲民（用上说），就是止于至善（从功夫的入手点上说）。

在心斋的解释中，"在"字意味着，明明德就是大学之

道，大学之道在明明德中完全体现，二者是一回事。这是
通过"语气"看出的。

再看整个古本《大学》的全文构成（根据心斋的理解
来分段）：

（1）大学之道，在明明德，在亲民，在止于至善，知止
而后有定，定而后能静，静而后能安，安而后能虑，虑而
后能得。物有本末，事有终始，知所先后，则近道矣。（提
出"明德、亲民、止于至善"三纲领。）

（2）古之欲明明德于天下者，先治其国。欲治其国者，
先齐其家。欲齐其家者，先修其身。欲修其身者，先正其
心。欲正其心者，先诚其意。欲诚其意者，先致其知。致
知在格物。物格而后知至，知至而后意诚，意诚而后心正，
心正而后身修，身修而后家齐，家齐而后国治，国治而后
天下平。（举出"格物、致知、诚意、正心、修身、齐家、
治国、平天下"八条目。）

（3）自天子以至于庶人，壹是皆以修身为本，其本乱而
末治者否矣。其所厚者薄，而其所薄者厚，未之有也。此
谓知本，此谓知之至也。（解释致知在格物。）

（4）所谓诚其意者，毋自欺也……无情者不得尽其辞，
大畏民志，此谓知本。（这是最长的一段，解释诚意。）

（5）所谓修身在正其心者……此谓修身在正其心。（解
释修身在正心。）

（6）所谓齐家在修其身者……此谓身不修，不可以齐其

家。（解释齐家在修身。）

（7）所谓治国必先齐其家者……故治国在齐其家。（解释治国在齐家。虽然开头没有"在"字，但结尾点出"在"字。）

（8）所谓平天下在治其国者……此谓国不以利为利，以义为利也。（解释平天下在治国。）

我们可以把心斋给弟子引出的问题补充完整：《大学》里面的格致诚正修齐治平，平在治，治在齐，齐在修，修在正，何以到了诚意，就不说正在诚？何以到了致知，就不说诚在致？接下来致又在格。

我们从语气上看。平天下这件事就在治国上用力，治国这件事就在齐家上用力，齐家这件事就在修身上用力，修身这件事就在正心上用力，而诚意则是一套功夫，格物这件事就在致知上用力，则格物致知就是一套功夫。这样，功夫就分成了三套。

我们回到原文。

2. 对曰："不知也，请问焉。"
学友回答说："不知道，请问其详。"

3. 子曰："此亦是吃紧去处，先儒皆不曾细看。夫所谓'平天下在治其国者'，言国治了，而天下之仪形在是矣。

所谓'齐家在修其身''修身在正其心'者，皆然也。

心斋说，这也是要紧的地方，先儒没有仔细看准。《大学》说"平天下在治其国"，说的是国家治理得好了，天下的模样形态就已经在那儿了。《大学》说"齐家在修其身""修身在正其心"，都是这样。

4."至于正心却不'在'诚意，诚意却不'在'致知。诚意而后可以正心，致知而后可以诚意。

而正心的功夫却不在诚意上，诚意的功夫却不在致知上。诚意的功夫做到位了，然后可以去做正心的功夫。致知的功夫做到位了，然后可以去做诚意的功夫。

淮南格物的第一套功夫是格物致知，是在外缘触发的时候格度体验本体（不能当下去格度体验）。而诚意则是当下安住于此本体，时时出离本体，又时时拉回本体，时时私欲做了主宰，又时时让良知做主宰，这个过程就是诚意。而正心，其前提是意已诚了，人基本上处在安住于本体的状态，基本上能做到念念由良知所发，念念由仁体所发。

所以正心（包括后面的修齐治平）、诚意、致知（包括前面的格物），是三套不同的功夫，条件不同，用功的方式不同。而且，三套功夫有个顺序。格物致知功夫做了之后，再去做诚意功夫，诚意功夫做了之后，再去做正心功夫。

这三套功夫，固然是一环套着一环的，但并不是要格度体验本体到孔子那个地步，再去安住于此本体。有时候，我觉得自己格度体验到本体了，接下来做安住本体的功夫，可做着做着，对本体的格度体验也同时加深。随着这个格度体验的加深，在本体上的安住也更加稳当确凿了。而正心功夫，也绝不是要人二十四小时全都不离本体才可以做的，人的整个生命状态，只要基本上不离本体，就可以做正心功夫了，而且你到了那个地步，没有有意去做正心功夫，自己也会不自觉地做正心功夫的。这三套功夫，并不是人的创造，而是宇宙生生之道本有之义。

因此，我们讲淮南格物功夫，是按顺序讲的。实际操作的时候，学友往往先做第一套功夫，做一段时间，开始做第二套功夫，同时第一套功夫也不放下。两套功夫是同时进行的，并且以第二套功夫为主。因为第二套功夫是时时刻刻当下做的，第一套则是靠外缘触发。两套功夫做到一定地步，自然而然开始做第三套功夫了。

5. "夫戒慎恐惧，诚意也。然心之本体，原着不得纤毫意思的，才着意思便有所恐惧，便是助长，如何谓之正心？

这一段，值得我们花费较长一段时间来讲解。讲通了，对理解淮南格物说有莫大的助益。

戒慎恐惧，说的是诚意。第八讲说过，"戒慎乎其所不睹，恐惧乎其所不闻"，这个"所不睹""所不闻"的，指的是独体，这个独体不能通过眼耳鼻舌身这些感官感受到（不睹），也不能通过一些概念表达出来（不闻），这个独体是宇宙的终极实体。这个独体在人身上发窍，就是人的良知。

　　有两种情形：（1）有一段时间，我们没有任何私心，只有这个良知，一举一动都是这个良知发出，这就是人原本应有的活法。这样生活，时时刻刻都充满着直心而行的快乐。（这个快乐感，就是对本体的肯认；安住于此快乐，就是肯认真乐的功夫。）（2）而很多时候，我们不能如此，我们因为种种私欲意见的偏狭，下意识地把这个良知遮蔽住，这时候就是私欲做了身心的主宰，一举一动都是私欲发出。这个时候我们定会觉得不对劲，不快乐。而在我们觉得不快乐、不对劲的时候，那个不快乐、不对劲的感觉已经是良知发出来的了，这个时候其实已经是良知做了主宰了。只要我们当下接受这个感觉，不躲避遮掩这个感觉，依照这个感觉而行，这就是"一觉已除"的功夫。

　　这两种情况同时都伴随着内心的敬慎感，这个敬慎感是庄敬地珍重着当下发用的独体（良知），不让一点私心矜持掺和进来。这就是诚意慎独的功夫。

　　这里面是诚意功夫的三个方面：肯认、一觉、戒慎。我们来看看这三者的动机。为什么要肯认？因为我们的生命状态不是完全安住于本体上的，我们总是时时离开本体，本体又时时发现、涌动、流行。如果在我们暂时安住于本体上的时候，我们没有这个肯认，那么我们转念可能就让私欲做了主宰。为什么有一觉？因为我们常常离开本体，所以良知才有觉得不对劲的时候。为什么要戒慎？因为如果我们没有戒慎恐惧的功夫，我们的私心、矜持心一定更加容易出来，并且在良知涌现的时候遮掩埋没良知。

良知对我们的整个生命状态有个关照，我们的生命状态就是一会儿私欲主宰，一会儿良知主宰，对这个生命状态，良知自然会让我们去做肯认、一觉、戒慎的第二套功夫。所以这三个功夫的动机也还是良知。这三个功夫，某种程度上是有所助力的。比如一觉已除，一觉既然已经是本体做主宰了，为什么我们还要把这件事情提出来，作为一个功夫呢？那是因为我们当下的生命状态使得一觉不足以有巨大的力量，让我们就此安住于本体，所以我们需要有一个信力，这个信力是对良知的相信，对良知的自信，这个信力给自己一个助力，自己也就能在很长一段时间内安住于本体上了。再如肯认真乐。在我们直心而行的时候，我们就会很快乐，这个快乐本身就是对直心而行的肯认，而且除了这个快乐，再没有别的对直心而行的肯认了。既然我们的直心而行本身已然在肯认自身，为什么我们还要说肯认真乐的功夫呢？因为我们的直心而行还不够真切。这时候，我们给这个直心而行额外的信力，这个信力一来，我们就没那么容易从当下的安于本体的状态中脱离出去。

所以，第二套功夫背后实际上有一个信力在起作用，这个信力对生意在我们身上发窍是大有益处的。我们之所以有这个信力，只是因为良知知道我们需要，只是良知发出。并不是因为我觉得有个信力，我更容易成为圣贤（这个是要做圣贤的私欲），我才生出这个信力（这个不是发自本体的真信，只是伪信。它不是信任良知，而是把相信作为一种手段，以达到自己的目的，勉强自我暗示、欺骗自己相信，这其实就是不信）。这就是龙溪先生常说的"信得及良知""自信良知"。

　　整体解释一下这段话：戒慎恐惧，是诚意。而心的本体，原本是不会粘上一点点意思的。（只是生意贯彻。心的本体，就是人心、道心、天地之心合一的那个心。）这个心根本不用去戒慎恐惧的。才沾染点意思，便有戒慎恐惧的功夫。（如果我们二十四小时都安住在本体上，时时刻刻都在真乐中，这个肯认是不用作为一个功夫去做的。当然更不存在"一觉"的情况。正是因为我们的本体是间断的，良知才能知道我们的"非"，才能知道我们的"是"。良知知是知非，这就是此处说的着了"意思"。如果我们的整个生命几乎没有"非"，那良知的发用就是另一个状态——淮南格物第三套功夫的状态。那个状态，首先良知不会知非，因为无非可知，只会知是；其次良知的知是和目前这个阶段的知是，也是根本不同的感受。打个比方，小偷今天良心发现，不偷东西了，良知知道自己这么做是对的，这是"知是"；一个从不偷东西的人，良知知道自己不偷东西是对的，这也是"知是"。这两种"知是"有很大的不同，这个不同，在我们功夫做到一定程度时自然知道。）

　　有这个意思（这个意思不是人为的造作，不是人的私意，而是心体上染着的意思，是良知的知是知非。这个意思是应该有的），就是助长（不是人的拔苗助长，而是人于此时自然而然该有的一种助力，这种力量也是良知发出的，不是私欲发出的），就不是心的本体，也就不是正心功夫。

（1）这里我们要区分两个心体的两种发用状态。

一种状态是心体二十四小时都安住于本体的这个绝对至善的心体，它不单是发用的时候没有一点私欲，而且它的发用是无所谓当下或事后的。因为二十四小时都安住在本体上，人心的状态没有任何起落，不存在这会儿良知发用，那会儿良知遮蔽，所以当下和事后的区分是毫无意义的。举个例子，我现在在教育孩子，我当然是尽心教育，但同时我知道过几分钟我要出门参加重要会议，我要控制好教育孩子的时间，留点时间打扮一下自己，同时，我明天要去医院看生病的老人，我要保持很好的精力，所以教育孩子、参加会议，我都不会耗费太大的精力……这种格局下，良知是关照整个生命的。不单单是见父自然知孝，而且见父的时候整个世界同时在场，就像是个同心圆，最核心的一层是见父，往外一圈一圈的，是和自己身心关系逐次减弱的事情。良知的发用是在整个生命上发用的。这样一种良知发用的状态，一定是要等到念念致良知、本体一刻不间断的时候才能达到，至少绝大部分念头都是良知所发的时候才能达到。这种状态下，孔子周游列国，知其不可为而为之，同时也"无行而不与二三子"——把自己的一切言行都展现在弟子面前，弟子再传给后世。孔子做那些事情的时候，对两千多年后的读者，都还是有一个关照的，他那时也在和我们今天的人对话。这个意义上的良知，只有等到本体一刻不间断的时候，才谈得上。天地造化万物，就是一刻不间断的。孔子说"知我者，其天乎"，也是说这个本体。这个意义上的心体，既是心，又是性，又是命，是整个文明的历史。

另一种心体的状态，则是阳明说的能知意之所发之是非的良知。见父自然知孝，也就是这第二种状态下的心体。（这个心体，道家谓之"了性不了命"。）这种状态下的心体，在我们本体时不时间断一下的时候，能够明明白白知道何时是本心做主宰（没间断），何时是私欲做主宰（有间断），它是我们生命的主宰。（当然，这两种状态下的心体，都是一个心体。第一种状态的心体，就像是已经决心出发取经的唐僧。自此以后，唐僧的言行，基本上不会有疑贰，志向不会动摇，只是物来顺应。第二种状态下的心体就像是刚刚出生的唐僧。虽不失赤子之心，但常常被私欲扰乱。）

（2）这里我们还要区分两类助长。

如果我们当下一觉自己做得不好，立刻就脸红了，觉得自己在身边人面前丢脸了。这个立刻从良知的作用（一觉）转到私欲的作用（好名）。接下来，都是私欲用事了。明明身心没有到很高的状态，却拔苗助长，给自己很高的要求。一旦自己出现了不符合自身期许的状态，那就强行克制。这类助长的动机，就是私欲。

还有一类助长，是上文说的，淮南格物的第二套功夫，一觉已除、肯认真乐、诚意慎独，这些功夫在实际去做的时候，定是有个信力在起作用。这个信力，其动机是良知。

（3）两种本体状态和两类助长的关系。

心体的第一种状态，超越时间，与天地同流，所以没有两个助长。

心体的第二种状态，没有第一个助长（第一个助长是私欲，不是本心发用），但有第二个助长。而且必须有第二个助长，否则它就不是心体了。心体在人心间断的时候自然知道要时时警策自己。如果自己是个太阳，自然有无限光芒。如果自己是一盏油灯，则要时不时挑一下灯芯。挑一下灯芯，这个光就豁然亮一些。

第一个本心，可以叫做天地之心。第二个本心，可以叫做人心。人心是天地之心的发窍，二心实为一心。

第一个助长，可以叫做私欲助力。第二个助长，可以叫做本心助力。两个助长，是南辕北辙的助长。第一个助长，动机不对，必是恶果；第二个助长，动机自良知来，必是善果。

心斋这段话所说的诚意功夫的助长，便是本心助力。

6."是诚意功夫尤未妥贴，必须扫荡清宁，无意无必，不忘不助，是它真体存存，才是正心。然则正心固不在诚意内，亦不在诚意外。

因此，诚意功夫还没有稳妥。必须把所有的私欲都扫荡干净，在整个生命中都没有意必固我（而不只是在良知发用的时候没有意必固我，这就要求本体不间断了），一切功夫勿忘勿助。这才是他真真切切的本体。这才是正心。正心功夫固然不在诚意功夫之内（是两个不同的功夫），但也不在诚意之外（须把诚意功夫做好了，本体渐渐进于连贯而不间断，才好去做正心的功夫）。

勿忘勿助：《孟子》："必有事焉而勿正心，勿忘，勿助长也。"二十四小时几乎都是良知做主宰，生意流行，动的时候也是发挥仁心，静的时候也是发挥仁心（晚上不敢不好好休息，不然第二天怎么担当起这个世界）。所以没有无所事事的时候，全天候，必有事为。这个事也就是发挥本体，任本体流行。这个时候，心没有一刻是不正的，也就不需要去掰正它。这个时候的心，就是心斋说的真体存存的心。这个时候不会忘掉它，也不会助长它。它的力量极其充沛。（《孟子》说"勿正心"，说的是不要去掰正这个心；而《大学》说的"正心"，是端正的心的意思，本自端正，不需要掰正。二者名异而实同。）

这句话的意思，简而言之，诚意是间断时候的功夫，正心是不间断时候的功夫。

7."若要诚意，却须先知得个本在吾身，然后不做差了。又不是致知了便是诚意，须物格知至，而后好去诚意，则诚意固然不在致知内，亦不在致知外。

如果要去诚意，必须先知晓家国天下的根本在我身上。诚意就是诚这个意。这是生意在人身上发窍而来的主意。有这个主意，诚意不会诚到别的地方。有很多人，私欲很重，比如好色。他觉得人都是好色的，你也是，我也是。你和我的不同只在于，我好色但我真诚、不遮掩，你好色但你遮掩、不真诚。所以我是磊落的，你是虚伪的。这个就不是诚意，因为没有理解这个意是什么，不知道身心家国天下的真实关系。诚这个意，只是肆无忌惮，其中有太多不真诚的地方。

又不是格物致知了，就是诚意。格物致知是格度体验到身心家国天下是一身，吾身为本，家国天下为末。这是淮南格物第一套功夫，包含见善体仁、反观辞气、辨志立志。这个并不是诚意，诚意是安住于本体，那是第二套功夫要做到的。

须做好格物致知的功夫，体验到本体是什么状态，接下来才知道怎么去安住于这个状态，才好做诚意功夫。所以诚意功夫固然不在格物致知之内，但也不在格物致知之外。

8. "是'诚意毋自欺'之说，只是实实落落在我身上做功夫。不可便谓'毋自欺'为致知，与圣经背。

因此，《大学》"诚意毋自欺"的说法，只是要我们实实落落在自己身上做功夫（真实地、当下地安住于本体）。不能草率地说毋自欺就是致知，这个和圣人所作的经典相违背。

9. "不先诚意就去正心，则正心又着空了；不先致知就去诚意，则诚意又做差了。既能诚意，不去正心，则诚意又却助了。

不先诚意，让间断的本体变得不间断了，就去做正心的功夫，这个功夫就着空了。因为这个功夫的前提是心体几乎不怎么间断。不先去格物致知，体验到什么是本体，就去安住于本体，那么很可能安住到错误的地方上了。

另一方面，已经能够做到当下安住于本体了，本体已经不怎么间断了，这时候不进到淮南格物第三套功夫，你的诚意功夫，就有了助长了。（诚意功夫本来就是有发自本体的助力的。这段话前面说的诚意功夫还有助长，就是这个意义上的。如果等到本体不间断了，再有这个助力，实无必要。所以那个时候，就不需要这个助长了。这一点，我们后面讲第三套功夫时细说。）

10. "却不可以诚意为正心，以致知为诚意。故须物格而后知至，知至而后有诚意功夫，意诚而后有正心功夫。所谓'正心不在诚意，诚意不在致知'者，此也。"

不能够把诚意等同于正心（包括修齐治平在内的第三套功夫），把致知（包括格物在内的第一套功夫）等同于诚意。所以须格度体验到本体的状态（格物），体验到了，才可以有安住于本体的功夫（诚意）。又安住于本体的功夫之后，一定要做到时时刻刻安住于本体，接下来才有正心的功夫。我说的"正心不在诚意，诚意不在致知"，说的就是这个。

11. 悟此《大学》微旨，诸生谢曰："此千载未明之学，幸蒙指示，今日知所以为学矣。"

领悟了《大学》这一精微的要旨，诸位学生感谢心斋说："这样一门千年没有显明的学问，有幸蒙受您的指示，今日知道如何做学问（进行功夫实践）了。"

三、心斋对《大学》中一些重要概念的解析

心斋：

1. 诸生问"止至善"之旨。子曰："明明德以立体，亲民以达用，体用一致，阳明先师辨之悉矣。此尧舜之道也，更有甚不明？

学生问心斋《大学》"止至善"的旨意。心斋先生说："《大学》明明德是树立本体，亲民是这个本体的发用，体用是一致的。这一点，我的先师阳明先生辨别得十分详细了。这个是尧舜之道，还有什么不明白的呢？"

我们看《尚书》第一篇《尧典》的开头："曰若稽古帝尧，曰放勋，钦明文思安安，允恭克让，光被四表，格于上下。克明俊德，以亲九族。九族既睦，平章百姓。百姓昭明，协和万邦。黎民于变时雍。"

　　第一句讲的便是尧的能明明德。尧的名字，叫做放勋，有"钦明文思安安"的德行，为人恭敬谦让。他的德行是光明的，和他生活的人，仿佛能感受到他的光芒四射。他做什么事情，有什么想法，在他上位的人，在他下位的人，都是全力支持、毫无怀疑的。

　　我们来看心斋的例子。安丰这个地方，很多芦苇荡，地上许多水道，土地不均匀，而且世代煮海为盐，民众生活艰辛，民风向来彪悍。因为这两点，心斋之世，民众经常为争夺土地大肆械斗，损伤性命；并且因为这个原因，产生了许多无业游民，他们不依附于土地，而是打打杀杀为生。所以，把草荡间的土地公平分配是一件极其重要的事情。但是历任官员是做不到的。张三和李四土地分得一样多，张三就是觉得官府偏袒李四，李四就是觉得官府偏袒张三。这是困难之一。就算一时把土地分好了，但是，过了一年半载，大家又都开始不认账了。这是困难之二。

　　心斋开始做这件事情，明确地告诉大家：我把土地分成若干份，我根据情况，给每家分十份到二十份。

　　当地的每个人，对此毫无质疑。这事情很容易就推行了。心斋之所以能做成这件事情，不在于他分得多公平。肯定是有人吃亏，有人得便宜，但大家相信，心斋不会有意去偏袒谁。心斋在他的一生中，从来没有为自己的私利考虑过，大家无条件地信任心斋。这件事情能做成，只是因为做事的是心斋。

　　心斋这样的人，在一家，则家齐；在一乡，则乡治。

这便是"光被四表，格于上下"。这个明德，仿佛是能发光一样！所以是"明"德。而有明德，则自然可以感染身边的人（"明明德"，显明此明德）。这就是上面所引的第二句："克明俊德，以亲九族。"这便是心斋说的"爱人直到人亦爱"。对人有仁德，则别人也有仁德，以至于九族有仁德，百姓有仁德，万邦有仁德。这便是明德为体，亲民为用。明明德和亲民不是两件事，只是一件事。从心斋在乡间每件事情都由良知所发的角度，这件事就是明明德；从乡间的老百姓皆由这些事情，自己往良知的方向靠近，这件事就是亲民。

2. "但谓至善为心之本体，却与明德无别，恐非本旨。明德即言心之本体矣。三揭'在'字，自唤省得分明。孔子精蕴立极，独发安身之义，正在此。尧舜执中之传，以至孔子，无非明明德、亲民之学，独未知安身一义，乃未能有止至善者。故孔子悟透此道理，却于明明德、亲民中立起一个极来，故又说个'在止于至善'。

阳明先生只说至善是心的本体。这就和明德没有区别，恐怕不是《大学》的本旨。

说至善是心之本体，这当然没有错，但是，止于至善，放在这段《大学》这段话中，主要的意思不在于说至善是心之本体，而是为了指出一个功夫的入手点。至善，就是良知，就是本心，而这个本心不在多高多远的地方，只在我们身上。我们一生下来，天地覆载，万物供拥，亲人养育。我们耳目口鼻会接受声色气味。我们是父母所生，见父自然知孝，见兄自然知悌。这就是我们本就安顿之身（否则不会有我们），这就是人心本有之至善。我们不用外求，反身而诚，乐莫大焉。这就是我们功夫的一个把柄。《大学》说止于至善，就是告诉我们一个功夫的把柄，这个把柄，就是我们的身心本有之至善。心斋这里要点出——明明德是体，亲民是用，而怎么明明德？怎么亲民？（当然，明明德也就是亲民，这两个问题只是一个问题。）就在止于至善上用功夫。下文，知止而后有定、静、安、虑、得，一直说到"则近道矣"，就是说从这个功夫把柄入手，如何一步步恢复这个"明明德、亲民"的本来状态。

继续释义：

明明德已是说心的本体。《大学》首句，三次强调"在"字，说得极其分明。孔门传到曾子，义理十分精微，为人类的功夫立了一个"极"，这个极，就是"安身"，就在这个止于至善上。尧舜传下来的是"允执厥中"，到了孔子，也就是"明明德、亲民"（我们前面所引《尧典》"克明俊德，以亲九族"，就是"在明明德，在亲民"）。但是孔子以前，没有点出这个安身的极，没有特别提出这个本安之身、至善之身（孔子以后则有，比如孟子说"反身而诚"）。所以孔子悟透了这个道理，就在明明德、亲民之中立出一个极，所以又说个"在止于至善"。

3."止至善者，安身也。安身者，立天下之大本也。本治而末治，正己而物正也，大人之学也。

止于至善，说的是安身。《诗经》说："缗蛮黄鸟，止于丘隅。"黄鸟一飞一停，恰到好处地落在了山丘的一个小角落上。它多飞一点，少飞一点，都要摔倒。鸟在这个宇宙中，本来就是个安身的状态。鸟没有私心杂念，所以一切运行无碍，一切由至善本体所发，一切止于至善。孔子说，在"止"这件事上，知道止于什么地方（止于至善），人还能比不上鸟吗？言下之意，人本该是比鸟好的，只是人没有抓住安身的把柄，所以常常不能知止。

安身，就是立了天下的大本。心斋说，人不爱我，必有我不爱处。人不信我，必有我不信处。爱人直到人亦爱，敬人直到人亦敬，信人直到人亦信。这就是天地万物依于己，而不是己依于天地万物。孔子说："不怨天，不尤人，知我者其天乎。"不在外面求，只在自己身上求，这就是安身而立了天下的大本。

《大学》在八条目之后（在心斋的学说中，是格物章，解释致知在格物）说："自天子以至于庶人，壹是皆以修身为本。其本乱而末治者否矣。其所厚者薄，而其所薄者厚，未之有也。此谓知本，此谓知之至也。"

从天子到庶人，都是以安身为根本。身不安，而家国天下能治理好的是没有的。所应该首先着力的（身，本）反而先不去着力，应该先不去着力的（家国天下，末）反而先去着力，没有这么做人的。这就是知道本（安身，止于至善），这就是"知至"了（物格而后知至）。

安身就立了天下的大本，也就本治了（身治了），那么家国天下也一并治了，这也就是正了自己，外物也一并正了。这就是大学的意义——大人之学。这个人，不是一己之小我，而是家国天下之大我。所谓安身的身，不只是自己的肉身，也是身心家国天下之大身。

4."是故身也者天地万物之本也，天地万物，末也。知身之为本，是以明明德而亲民也。身未安，本不立也。'本乱而末治者否矣'，本先乱，治末愈乱也。故《易》曰：'身安而天下国家可保也。'如此而学，如此而为，大人也。

所以身是天地万物的根本，天地万物是末。这个本就是树根，末就是枝叶。枝叶繁盛，有赖于根本坚固。知道身是本（第一套功夫），并且以此明明德而亲民（第二套功夫）。如果身没有安，根本就未树立。本乱而末治，这个是不可能的。如果根本乱了，去治理末端，那末端就更乱了。所以《易》说："身安而天下国家可保也。"像这样学习，像这样做事，就是大人。

5."不知安身，则明明德、亲民却不曾立得天下国家的本，是故不能主宰天地，斡旋造化。立教如此，故自生民以来，未有盛于孔子者也。"

你见到乞丐十分穷困，就把自己的钱都给他了，这个时候你满心的恻隐。可是回到家，发现父母还饿着肚子，这个月的钱还了房贷，已经为零了。这个恻隐之心，本是仁之端，是我们做功夫的一个入手点，这个是明德本体在人心的发窍。可是我们不知道安身，那么明明德、亲民就不能立下一个天下国家的根本。你这样做，父母不但不会被你感化，也像你一样对穷人有恻隐，反而还会憎恶施舍的行为。这就是身不安，家不齐，明明德、亲民根本不曾立得天下国家的本。所以你的明明德、亲民不能够主宰天地，不能够斡旋造化。（尧的"克明俊德以亲九族"，虽然没有点出安身，但他也是从九族开始做，做到百姓，做到万邦。这个安身的次第也是包含在内的。）孔门这么立教，说大学之道就在明明德上，就在亲民上，就在我们的安身止至善上开始做。所以自从有生民以来，没有比孔子更加光辉伟大的。

心斋（下面一段，须对照《大学》经文看）：

1. 诸生问曰："夫子谓止至善为安身，则亦何所据乎？"

子曰："以经而知安身之为止至善也。《大学》说个止至善，便只在止至善上发挥，知止，知安身也。定静安虑得，安身而止至善也。物有本末，故物格而后知本也。知本，知之至也。知至，知止也。

诸生问心斋："老师说止至善是安身，有什么依据吗？"

心斋说，从《大学》经文知道了安身是止至善。《大学》说个"在止于至善"，接下来一句就在止至善上发挥——"知止而后有定，定而后能静，静而后能安，安而后能虑，虑而后能得。物有本末，事有终始，知所先后，则近道矣。"这句经文里面，"知止"，就是知安身（第一套功夫）。定、静、安、虑、得，就是安身止至善（第二套功夫）。物有本末四字，这个物就是格物的物，这个物是身心家国天下一身的大物，这个物的本在吾身。物有本末，就是格度体验到本在吾身，这就是后面说的"此谓知本，此谓知之至也"。这个"知之至"的"知"也就是知止，知安身。

2. "'自天子以至于庶人'至'此谓知之至也'一节，乃是释格物致知之义。

我们前面把《大学》分成了八个部分，这一段就是第三个部分，解释致知在格物。

3. "身与天下国家一物也，惟一物，而有本末之谓。格，絜度也，度于本末之间，而知'本乱而末治者否矣'，此格物也。物格，知本也，知本，知之至也。故曰'自天子以至于庶人，壹是皆以修身为本'也。

身和天下国家是一气贯通的大物，惟是一物，所以才谈得上根本和末梢。格物的格是格度体验，是在本末之间体会身，知道这一物的根本在吾身，体会到"本乱而末治者否矣"，这就是格物。物格是"知本"，知本，就是"知之至也"。所以格物致知章开篇说："自天子以至于庶人，壹是皆以修身为本。"

4. "修身，立本也。立本，安身也。后文引《诗》释

'止至善'曰：'缗蛮黄鸟，止于丘隅'，知所以安身也。孔子叹曰：'于止，知其所止，可以人而不如鸟乎？'要在知安身也。

这一段是诚意章，讲如何安身。安身只是当下直心而行，让本心发用，就像黄鸟一样。这就对应着淮南格物的第二套功夫。

5."《易》曰'君子安其身而后动'，又曰'利用安身'，又曰'身安而天下国家可保'。《孟子》曰'守孰为大？守身为大'，'失其身而能事其亲者，吾未之闻'，同一旨也。"

这一段引了《周易》三句话、《孟子》两句话，来佐证《大学》安身的义理。

四、小结

心斋淮南格物的功夫，不止是从《大学》的一两句经文中找到灵感，而后创立一套功夫。淮南格物功夫的提出，建立在对《大学》经文深入详细的剖析之上。因为这不是本书的目的，本书旨在引导功夫实践，所以本章只是简单介绍了心斋解释《大学》的框架和一些重要的概念。读者如果有兴趣，可以对照《王心斋全集》，仔细读一下《大学》，须一字一句通晓，不可放过。这对我们做功夫也有莫大帮助。

淮南格物第一套功夫，是格度体验本体（宇宙一身，身为本，家国天下为末）。第二套是在整个生命不能安住于本体时，所做的当下安住此本体。第三套是在整个人生基本上都安住于此本体之上时，更为深入的功夫（简要说来，即人的心性、人的生命、人类历史、天道彻底的合一）。

这三套功夫，初学者以前两套为主，具体功夫节目，在三、四、五、六、七、八这六讲。第三套功夫，请看后面章节。

第十讲

知行传本体

一、间断本体与不间断本体

淮南格物第二套功夫（诚意），是在本体间断的时候，不断地去做回到本体的功夫。淮南格物第三套功夫（正心、修身、齐家、治国、平天下，简称正心功夫）则是在本体不间断的时候做的功夫（至少在绝大部分时间是不间断的）。这是本体的两个状态。这两个状态的本体，在心学中，都是良知，都是知行合一。但是这个知行合一，概念已经有了天翻地覆的变化。我们可以把这两种知行合一称作阳明学的知行合一（诚意功夫的知行合一，第二套功夫的知行合一）以及心斋学的知行合一（正心功夫的知行合一，第三套功夫的知行合一）。

（一）阳明学的知行合一

阳明说："知之真切笃实处即是行，行之明觉精察处即是知。"

在公交上，见到老人家站着，心里知道要尊老，可是就是不愿意站起身来。这个知道尊老，就不是真的知。真知是心中有尊老的感受，看到老人站着，不忍之心油然而生，这样你就坐不住了，不可能不站起来。知道尊老，就已经站起来了，就已经落实在行动上了。

我们的日常生活中，不会刻意区分出一个知、一个行。只是一件事，从真切笃实的角度看，它叫做行；从明觉精察的角度看，它叫做知。给老人让座，你可以说这个人知道尊老，也可以说这个人做了尊老的行为。说他知道尊老，是从他见到老人在面前站着，内心有一种明明白白的触动，根本坐不住。而另一些人呢，心中固然有一点点触动，但更多的是贪图舒适之心，又有希望别人站起来之计度心等等，这样，心便不明觉精察，而是被诸多私欲牵缠着，浑浑噩噩。这就不得谓之"知道尊老"。说他做了尊老的行为，那是因为他有这个不忍之心，有这个良知发动，根本坐不下去。他站起来，站得毫不犹豫，站起来之后也毫不后悔。如果他只是考虑到站起来，会让刚刚交往的女朋友对自己有个好印象，或者是因为害怕周围人责备的目光，而不是真的对老人不忍心，那么这个让座的行为就不会真切笃实，甚至站起来，心里还会有点后悔。这就不得谓之"行了尊老"。

我们发自良知，直心而行地做了一事，从这件事发动的真切笃实处说，就叫知；从这件事发动的明觉精察处说，就叫行。知行只是从两个角度描述同一件事——由良知发动的事。所以知行合一又引出知行本体。知行本体，就是良知，就是心体。

阳明说，知饥已是饥，知寒已是寒。知行关系就如知道饥寒和已经饥寒一样，知行只是一回事。《大学》诚意章说"如好好色，如恶恶臭"。见到好色，已经是好了；见到恶臭，已经是厌恶了。我们在说知行合一的时候，这个知是不分道德上的知，还是感觉上的知的。万物在天地间共生，狂风暴雨袭来，草木便剧烈摇摆。这个剧烈摇摆，是草木对当下处境的一种应对。这个应对，从摇摆得很直接很确实的角度来看，就是行；从摇摆的剧烈程度恰如其分来看（摇摆得不够，草木会被风力折损断裂；摇摆得太过，又会伤及根系），就是知。阳明说草木瓦石皆有良知，同样的，草木瓦石皆有知行本体。在草木上，行就是草木恰如其分地摇摆，知就是摇摆得恰如其分。在人身上，知就是明觉精察，行就是真切笃实。人的知行本体，是宇宙知行本体的一种特殊形式。

（二）心斋的知行本体

路旁有一个乞丐，我看他年老，在风中瑟瑟发抖，心里面充满不忍，于是掏了一百块钱给他。我想想，还是不忍，又掏了四百块。这个行为，是恻隐之心发动，是直心而行，这个不忍人之心就是知，这个行为就是行，这就是阳明所说的知行本体。

　　我到了家里，感觉给乞丐给多了。目前家中还欠着房贷，全无积蓄。等发工资还有三天，可是身上就剩几十块钱。这几天不能吃得很好了，孩子的营养不能保证了。妻子也会因此不高兴。这个时候，我觉得愧疚，我确实没有考虑到家人，我当时把钱全都给了乞丐，实在是不妥。这个时候，我和家人道歉。这个真心的歉意也是阳明所说的知行本体。

　　这个知行本体是"即时触发"的，是间断的。可能上一秒我不是良知做主宰，不是知行本体做主宰，但下一秒，良知发动，我就是知行本体了。这个不是心斋说的知行本体。

　　在我们功夫做得基本上不间断的时候，一举一动，都是从良知所发。比如此刻我在整理讲稿，这件事情有必要性，不得不做。到了下午，又有一定要做的另一件事。人的功夫不间断，就没有闲暇的时候，白天是为了成就别人，晚上要得到身心的休养——不得不休养，否则第二天不能全副生命去成就别人。这时候，整个人就是生生不息的，孟子称之为"必有事焉"。这个状态就是乾之健行。功夫不间断的时候，不是一时一刻能如此，而是时时刻刻如此。这时候，你看到一个乞丐可怜，会给他二十块。你不会一时冲动给他一百，因为你现在也没钱了。你眼前看到的是这个乞丐，你的妻儿老小也没有被你忘掉。你在回家的路上，可能父母盼着你回家，妻儿等着你吃饭，这时候，你竟然因为一时心灵触动，忘了妻儿老小，这个状态也是麻木不仁。把钱全都给了乞丐，这不是仁心太过，而是仁心不足，只是眼前这点事情就让你掌控不了，不能同时对家中等你的妻儿老小发挥仁心了。心斋说要立本安身，身在家国天下中有一个位置。你对乞丐的感应，就应该是二十块，而不是一百。这个"知"，是知掌整个生命的；这个行，也是在整个人生中行。给二十块，而不给一百，也是不虑而知的。你看到乞丐不忍，一定要掏钱，掏钱一定不会超过二十，否则，你心里面就对家人不忍，这两个不忍，是同时俱在的。

这两种知行合一，从做功夫的感受来说，都是一样的，只是直心而行。如果我不能念念致良知，那么我直心而行，就是第一种知行合一。如果我念念致良知，我直心而行，必然是第二种知行合一。

心斋："天行健，则通乎昼夜之道而知。故知行合一。"

这句话定义了心斋的"知行合一"。行，是天行健的行。我每天大部分时间浑浑噩噩，内心麻木，如同一块木头。晚上回家，我见到父亲的面容，那一刹那，内心突然变软，要去服侍父亲。这一刹那行为发动，是阳明意义上的良知所发的行。

而一个终日坦坦荡荡，工作充满斗志，对领导尊重，对下属仁慈，对朋友守信，一言一行都合于天道的人，他晚上回家，见到了父亲，那一刹那，内心一样十分柔软，要去服侍父亲。这既是阳明意义上的良知所发的行，也是心斋意义上的良知所发的行。

天行健，天不停地运行着。人如果整个生命状态都和天类似，终日安于乾道，则他的行，不仅是良知的即时触发，不仅是看到老父的皱纹突发的一个情不自禁的行为；他的行固然也是良知触发，但更加是整个生命的触发，固然是当时的情不自禁，但更加是整个生命的情不自禁，沛然莫之能御。所以，他事父不会时好时坏，不会让父亲突然觉得今天怎么对我这么好。发自生命全体的、发自不间断本体的行，一定是充满仁爱的、温情脉脉的。"其为气也，至大至刚。"这样的行为是稳定的、刚健的、持久的。如同日月相推、宇宙轮转，稳定（没有大起伏）、刚健（力道十足，比如月球运动带起的潮汐，力量何其大）、持久（日复一日，年复一年）。

心斋的这个"行"，其前提是整个身心基本安顿在了本体上。从乐学的角度说，既然乐是心之本体，那么在一天中，大部分时间处于真乐的状态，才谈得上心斋说的这个"行"。从诚意慎独的角度说，整个生命须基本上是独体流行，才谈得上心斋说的这个"行"。我们说过，淮南格物的第二套功夫，是在本体有间断的时候，不间断地做回复到本体上的功夫。如果第二套功夫做得相当充分了，生意在人心贯通，基本上没有间断了，这个时候就自然而然过渡到第三套功夫。

我们由良知而行，直心而行，这样做着做着，做到终日只是良知发用，这时候我们的行就和宇宙的运行一致了，这时候我们的行就是天行健，这时候我们的知也和天地的知一样。

天地的知就是成就万物。春天让万物生长，夏天让万物繁盛，秋天让万物收敛，冬天让万物潜藏。宇宙的行只是成就万物，只是个生意，只是个仁。宇宙的知，是知掌万物，照看万物，也就是这个仁。孔子说："唯仁者能好人，能恶人。"君子有仁爱心，有仁爱心的人，才会真正地去喜好一个人或厌恶一个人。君子的"喜好"，是为了成就别人；君子的"厌恶"，也是为了点醒别人，反向激发别人的善。君子"好人""恶人"都不是对别人的客观认知，而是以成就别人的动机对别人的"知掌"，对别人的照看。而且，这个知掌是"通乎昼夜之道而知"的。白天我是一个儿子、父亲、员工，那我白天直心而行，便做到对父母孝顺（对父母尽孝，则久而久之，父母必慈爱。如果父母不慈爱，则"子职必不共"，做儿子的一定没有尽到责任）、对子女慈爱（也是使子女孝顺）、对工作尽心（也是使得同事尽心工作），到了晚上，我一定会好好休息，否则便没有精力在第二天对父母孝顺、对子女慈爱、对工作尽心（同时也是感化父母、感化子女、感化同事）。这个"知"固然是良知当下的发动，但同时这个知也有对自己的整个"身"的照察。这个"身"，就是身心家国天下一身的大身体，其本在吾身，末在家国天下。

心斋所说的知行合一，知，就是宇宙对万物的照看，落实在人心，就是人对万物的照看。行，是宇宙的健行，是宇宙成就万物，落实在人心，就是人成就万物。

阳明先生的知行本体，可以说是不区分本体间断与不间断的情况的本体，而心斋的知行本体则是特别指出在本体不间断的时候，这个本体的面貌。

二、心斋的"知行传本体"

阳明先生说心体的本来面目，强调的是心体的不虑而知、不学而能。比如孝顺，孩提见父自然知孝，这个东西是不用考虑就能知道、不用学习就会的。阳明用本体的这一特征来指点功夫，对于刚刚开始做功夫的人来说，本体时不时呈现，这个指点是很有效的。

然而，功夫做到不离手、不间断的时候，我们需要再用显微镜看看这个心体的本来面目。心斋认为，这个心体不但是自然能"知"（实践面向），而且还自然能"教"（传道面向）。

妈妈十月怀胎，婴儿在妈妈肚子里汲取了十个月的养分。这个养分，从物质上看，只是一些养分，通过脐带羊水，传递给孩子。但从"气"上看，这十个月，孩子已然在接受家人的关爱、父母的期望。这个世界已然在这个婴儿身上投注了巨大的力量，这个力量也就是生生之力。等到这个孩子从妈妈的肚子里出来，他嚎啕大哭。哭好久，他的力气都不枯竭，哭到嗓子哑了、失声了，都一直在哭。这个哭声里，蕴含着一股巨大的生生之力。父母看到孩子这么哭，有一种关于生生的喜悦。如果孩子生下来不哭，父母要担心好几天。我生下来不哭，爸妈就让护士把我拍两下，我就哭了。我一哭，爸妈心里悬着的石头才落了地。

自然界也是这样。一头鹿，产下了一只小鹿。小鹿用它细细的腿，颤颤巍巍地站立起来，它站立起来之后，便哒哒地跑起来。这个跑步的姿态中，满是生的力量。这股生的力量，感染着整个鹿群。这只小鹿，它的行动，是自其生生本体所发，这个行动发出来，同时也给和它相关的外物带去一股生的力量。

心斋常常引用孔子一句话："吾无行而不与二三子者，是丘也。"孔子周游列国，知其不可为而为之。孔子知其不可为，是知道他周游列国，在当时之世，不能恢复礼乐文明；孔子知其不可为而为之，这不是孔子固执，而是，孔子在做的事业不是当世的事业。我们现在还在讲解、还在效法孔子的言行——这才是孔子的事业。孔子周游列国，只是把一种生命方式呈现出来，呈献给他的弟子，呈献给后世。孔子无行不与二三子，其一言一行都展现在弟子面前。孔子的一言一行是良知所发，同时也是良知之传。

心斋："请讨陈恒，仁也；不从而遂已，智也。若知其必不从而不请，亦智也，然非全仁智者也。仁且智，所以为孔子。"

陈恒弑君，孔子请求哀公讨伐陈恒，这个是孔子的仁心。君主不听从孔子的建议，孔子便不继续请求，这个是孔子的智慧。如果知道君主一定不听从，于是不去请求，这也是智慧，但不是同时兼具仁和智。仁且智，这是孔子异于常人的地方。

按照当时鲁国的情况，孔子当然知道请讨陈恒不会被接受。但是孔子必须去做。一方面，这个是良知所发，另一方面，也是为后世立法，是在传道。如果本体不间断，那么，一切言行都是良知所发，同时也是在传道。儒学中常常说，人心和道心是一个心，人心和天地之心是一个心。天地之心是成就万物，"风雨霜露无非教也"（《礼记》），风雨霜露，这些气象，都是对万物的教化。圣人的一言一行，也都是对万物的教化。所以，孔子无行不与二三子，无行不是出自良知，无行不在教化。孔子说："予欲无言。""天何言哉？四时行焉，百物生焉。天何言哉？"天无言，只是生意流通，这个生意，就是四季轮转、万物化生。孔子的一切言行也都是成就万物，只是仁体发挥，除此之外没有别的言行。

心斋的《乐学歌》是第二套功夫的口诀。"不乐不是学"，如果不快乐，就不是真的学问；"不学不是乐"，如果不合于圣人之学，则人的那种高兴，就不是本体的快乐。到这个阶段，还要再加一个维度：如果不是传道，只是为自己而学，这个学不是真正的学问，只是自私之学。出于自私自利的心来学习，这个身心状态即与道不合，这样的学习一定不是圣学。这样的学习带来的快乐，一定不是本体之乐。这是不传不是学、不是乐。同样的，不乐不是学、不是传；不学不是传、不是乐。

我们之所以快乐，是因为在成就别人，因为我们本身即是道的一部分，我们一言一行不知不觉地都在传道，唯有如此，这个快乐才是真正的直心而行的快乐。我们快乐就快乐在这个传上。（乐是乐此传）

同时，我们传道的过程，也是在学道。因为天道本身在成就万物，我们只有在成就万物的过程中，在这个当下，才能真切地知道什么是学。（学是学此传）

又，我们传道，是传生生之道，是传天地成就万物之道。如果真正去给一个人传道，成就那个人，就是要让他也像我一样，像宇宙一样，也去给别人传道，也去成就别人。（传是传此传）

把这三点和《乐学歌》整合一下：乐是乐此传、乐此学、乐此乐；传是传此学、传此乐、传此传；学是学此乐、学此传、学此学。

我们可以说，乐即是学、即是传、即是乐。

阳明说："知之真切笃实处即是行，行之明觉精察处即是知。"我们从知行传本体上看，传之真切笃实处即是行，传之明觉精察处即是知；行之感化人心处即是传，行之明觉精察处即是知；知之真切笃实处即是行，知之感化人心处即是传。

三、传道与悟道

我们说传道的时候，往往意味着我们先要自己悟道，然后再传道。悟道和传道是两回事。心斋则把传道和悟道统合起来。

人是天地化育而成。天地的道和人的道是一个道。天地没有说我要求道，我去悟道。天地只是去成就万物，在这个成就万物的过程中，道自然呈露。人也是一样，人也是在成就万物的过程中，才能契合那个贯通天人的道体。

因而，在心斋这里，悟道不是传道的前提。恰恰相反，传道是悟道的方式。只有抱着一个传道的心来学习，才可能入悟。否则，人要去悟道，只是自己的私欲造作，私欲造作，便和天道南辕北辙了。心斋常说"苟且之道"——"学也者，学为人师也，学不足为人师，皆苟道也。"我们学习，不是为了改善自己的人生，而是为了改善别人、改善世界。成就自我的目的，一定不是为着一个自私的小我。我们学习，是为了救民于水火，是为了引导别人过得更好。不为这个目的而学习，就是苟且之学；不为这个目的而求道，就是苟且之道。上面讲的"知行传本体"，可以说，心斋的全副生命，都可以归结在"传"字上。只一个"传"字，就说尽了"知行传"，说尽了古往今来的一切历史人事。

《西游记》第一回，猴王去菩提老祖那里求道，途中遇到一位樵夫。我们看看樵夫与猴王的问答，从中可以体会"知行传"本体。

　　猴王近前叫道："老神仙！弟子起手。"那樵汉慌忙丢了斧，转身答礼道：“不当人！不当人！我拙汉衣食不全，怎敢当‘神仙’二字？”猴王道：“你不是神仙，如何说出神仙的话来？”樵夫道：“我说甚么神仙话？”猴王道：“我才来至林边，只听的你说：‘相逢处非仙即道，静坐讲《黄庭》。’《黄庭》乃道德真言，非神仙而何？”樵夫笑道：“实不瞒你说，这个词名做《满庭芳》，乃一神仙教我的。那神仙与我舍下相邻。他见我家事劳苦，日常烦恼，教我遇烦恼时，即把这词儿念念。一则散心，二则解困。我才有些不足处思虑，故此念念。不期被你听了。”猴王道：“你家既与神仙相邻，何不从他修行？学得个不老之方，却不是好？”樵夫道：“我一生命苦，自幼蒙父母养育，至八九岁，才知人事。不幸父丧，母亲居孀，再无兄弟姊妹，只我一人，没奈何，早晚侍奉。如今母老，一发不敢抛离。却又田园荒芜，衣食不足，只得斫两束柴薪，挑向市廛之间，货几文钱，籴几升米，自炊自造，安排些茶饭，供养老母，所以不能修行。”

猴王道：“据你说起来，乃是一个行孝的君子，向后必有好处。但望你指与我那神仙住处，却好拜访去也。”樵夫道：“不远，不远。此山叫做灵台方寸山。山中有座斜月三星洞。那洞中有一个神仙，称名须菩提祖师。那祖师出去的徒弟，也不计其数，见今还有三四十人从他修行。你顺那条小路儿，向南行七八里远近，即是他家了。”猴王用手扯住樵夫道：“老兄，你便同我去去。若还得了好处，决不忘你指引之恩。”樵夫道：“你这汉子，甚不通变。我方才这般与你说了，你还不省？假若我与你去了，却不误了我的生意？老母何人奉养？我要斫柴，你自去，自去。"

猴王原来在花果山过得很快活，衣食无忧。几百年过去了，不知魏晋。突然，猴王变得忧愁，他担心这种生命终不能长久，所以要寻神仙之术。猴王的这个忧愁，众猴所无。这种对生命无常、终有了结的担忧，更多地不是一种对生命长度的贪念，而是对"永恒"的追求、对道的追求。第一回有诗曰："争名夺利几时休？早起迟眠不自由！骑着驴骡思骏马，官居宰相望王侯。只愁衣食耽劳碌，何怕阎君就取勾？继子荫孙图富贵，更无一个肯回头！"而猴王，则是追求此凡俗生活之外的一个永恒者。我们姑且称之为"求道"。当今，许多学儒释道的，也都是在这个意义上来求道的。

樵夫则不然。樵夫是神仙的邻居，本来是很容易学道的。猴王对此十分不解："你家既与神仙相邻，何不从他修行？学得个不老之方，却不是好？"樵夫的回答是，因为要侍奉老母，所以没空学道。试想，自己长生不老了，错过了侍奉老母，这长生不老还有什么意义呢？樵夫零零散散听了一些神仙的教诲，但是心思完全放在尽孝上。

樵夫与神仙终日相处，虽然说没有学道，但他的道行已是不凡。他见猴王的一举一动，即知猴王求道有问题——求道的心不是为了传道，只是为了满足自己的形而上的追求。所以樵夫才给猴王说了自己没空求道，因为要照顾老母。

　　然而，猴王并没有领会樵夫的意思。樵夫给他指路（先是指出修行的正路，再是指出神仙的住所），猴王还要樵夫带他上山。猴王说："老兄，你便同我去去。若还得了好处，决不忘你指引之恩。"这里，猴王没有领会樵夫对他的指点，还是要上山求"好处"（比如仙术），言下之意，如果得了好处，还会跟樵夫分去。

　　因而樵夫有下面一段话："你这汉子，甚不通变。我方才这般与你说了，你还不省？假若我与你去了，却不误了我的生意？老母何人奉养？我要斫柴，你自去，自去。"这里，樵夫说得很直白了，刚刚在指点猴王，猴王并不反省——这是要猴王反省。所谓"误了我的生意"，这个生意，一方面是俗语中的"眼下的事情"，也就是侍奉母亲。另一方面也是宇宙间的生意。宇宙的生意，只是成就万物。樵夫是宇宙的化物，宇宙的生意在樵夫身上发窍，也就是侍奉老母。除此之外，都不足入虑。樵夫的一言一行都合于天道，虽然看起来没有学道，但已然不离道体。所以樵夫"近道"，樵夫是神仙的邻居。而神仙所住的地方，即是灵台方寸山，斜月三星洞。灵台，即心；方寸，也是心的一种称呼。斜月三星洞，则是弯钩上卧着三个散点，即心字。神仙所安住的地方，即是人心、道心一贯之心，樵夫则在其近旁。

　　樵夫和猴王对比鲜明。樵夫只是在成就万物，首先是成就老母，知行传完全是一体的。猴王求道是为了"好处"，其知其行不能被天道所贯穿。

我们可以看看阳明悟道前后的经历。

龙场悟道前一年，三十六岁的阳明的经历十分惊险。阳明在被贬谪到龙场的路上。《年谱》记载，阳明到了钱塘，刘瑾派人尾随侦察，阳明先生料定会被暗杀，因而托词跳江趁机逃跑。

阳明这么一跑，一路颠沛，先是跟着商船去了浙江的舟山群岛，路上又遇到狂风，把船吹到福建一带。期间已是九死一生了。刚刚登岸，阳明便沿着山路，跑了几十里，遇到一座寺庙。阳明敲门投宿，僧人不接纳。阳明便在附近找了一间野庙，倚着香案睡了。阳明不知道这间野庙是个老虎洞。半夜，老虎绕着野庙的回廊大吼，不敢进去。一方面，阳明的气场震慑住了老虎，另一方面，阳明这一路下来，极尽疲乏，老虎大吼也叫不醒他。第二天早上，僧人料定阳明死于虎口，去给他收尸，却看到阳明还在熟睡。僧人这才叫醒阳明，惊讶地对阳明说："您真不是常人啊，不然，怎么会安然无恙呢？"因为这个契机，阳明被邀请入庙。在庙中遇到一位高人，那位高人问他接下来打算怎么办。阳明说要远远遁逃。这时候，那位高人和阳明说，你还有双亲在世，万一刘瑾抓不到你，迁怒到你父亲头上，诬陷你向北投奔胡人，向南投奔粤人，你的父亲怎么应对呢？

这么一问，阳明心中便有所疑虑了，占了一卦，得"明夷"，于是决定返回钱塘，奔赴龙场。阳明此时作诗：

"险夷原不滞胸中，何异浮云过太空？夜静海涛三万里，月明飞锡下天风。"人生险阻过了就过了，一点也不滞留在胸中。那些险阻和短暂飘过天空的浮云无异。我的心如同宁静深沉的夜空。三万里海涛再怎么汹涌，夜空还是一如平常的宁静。我此时仿佛手持锡杖，在狂风之中、浩海之上腾云飞行。而天上的月亮则明明白白悬挂在夜空中。

阳明此时处境艰困，容不得一丝一毫的人欲安排，如同在汹涌的汪洋上驾驶一叶扁舟，此时只能全凭良知应对。哪怕是远遁都不行，远遁则将父母置于险境。此时，得失荣辱已被阳明置之度外，自己的生死也没有那么重要了。阳明是在三十八岁的时候开始讲知行合一的。我们不妨从心斋和阳明对知行本体的不同理解，来看阳明这段时间的经历。阳明远遁的阶段，其心体状态可以说是阳明意义上的"知行本体"，这个知行本体尚有时而断。阳明依照这个间断本体，直心而行，度过了许多生死关头。而阳明决定返回钱塘，则开始意识到生命全体在宇宙中的位置，意识到此刻必须走这一步不可，不能再有别的想法，比如远遁求生。这时候的直心而行，既是直"当下的心"而行，也是直"身心家国天下"一体的大心而行。其心体状况已经开始从阳明的"知行本体"转向心斋的"知行本体"或者说"知行传本体"。

第二年，阳明奔赴龙场，悟道正是在这个时候。

《年谱》：龙场在贵州西北万山丛棘中，蛇虺魍魉，蛊毒瘴疠，与居夷人躲舌难语，可通语者，皆中土亡命。旧无居，始教之范土架木以居。

时瑾憾未已，自计得失荣辱皆能超脱，惟生死一念尚觉未化，乃为石墎自誓曰："吾惟俟命而已！"日夜端居澄默，以求静一；久之，胸中洒洒。

而从者皆病，自析薪取水作糜饲之；又恐其怀抑郁，则与歌诗；又不悦，复调越曲，杂以诙笑，始能忘其为疾病夷狄患难也。因念："圣人处此，更有何道？"

忽中夜大悟格物致知之旨，寤寐中若有人语之者，不觉呼跃，从者皆惊。始知圣人之道，吾性自足，向之求理于事物者误也。

龙场的环境是十分糟糕的，在万山丛棘之中，到处是毒蛇瘴气。中土之人到了这个地方，很容易生病死去。阳明写过一篇文章《瘗旅文》，里面提到自己在龙场的身心状况不敢不好，必须一直保持身心愉快，不然抵抗力下降，就很容易死亡。

和阳明及其随从一起生活的是当地的土著，他们讲的话（苗语）和中原的话是完全不能相通的。能通语言的，大多是中土的亡命之徒。龙场一带的人，过去是没有固定居所的，阳明到了龙场，开始教他们用土块和木头建房子。

这个时候，刘瑾依旧痛恨阳明，阳明时时有被报复的可能。此时阳明已经不在乎得失荣辱了，只有生死这个念头，还没有完全化解。于是阳明造了一个石棺，决定："我现在直心而行，居易俟命了！"阳明日日夜夜端居澄默，求内心的宁静，求心中那个永恒的绝对的本体。久而久之，觉得胸中洒落。

阳明在龙场期间，他的随从都生病了。阳明就自己砍柴挑水，给随从煮汤糜，喂他们吃——这是身体上的照顾。阳明又担心随从抑郁，就给他们歌诗。歌诗可以调动人的情志，阳明称之"收天下之春而藏之肺腑"。有这样的情志，则不至于抑郁。随从又有不快乐的时候，阳明则用地方戏曲（绍兴小调），填入一些诙谐搞笑的歌词，有些像今日的东北二人转。这样一来，随从的身体、情志、心情，才能保持一个不错的状态，才能开始忘掉疾病、夷狄、患难之苦。阳明在《瘗旅文》中说："自吾去父母乡国而来此，二年矣。历瘴毒而苟能自全，以吾未尝一日之戚戚也。"自从我离开故土，到了龙场，两年了。经历了瘴气蛊毒还能活下来，因为我没有一天忧愁悲戚。阳明不但自己这样，也让身边的人这样。因为这件事情（阳明一丝不敢懈怠地照顾自己以及身边的人），阳明突然感受到：圣人处在我的境况中，跟我也是一样的做法！

这个感受十分关键。天地是生生不息地去成就万物的，而阳明在这个不敢停息地"救人"的行为中，自己的生命和宇宙契合，这个本体就在自身的生命活动中显现出来了。

紧接着，阳明半夜悟道。梦中仿佛有人告诉他一些东西。阳明醒来欢呼雀跃，众人都为之惊讶。阳明醒来后体会到，"圣人之道，吾性自足"。这个圣人之道也就是我们的本性，我们的本性也就是宇宙的本性，宇宙的本性也就是生生不息，就是这个成就万物之仁。从知行传本体的角度说，宇宙成就万物，也是成就万物的仁，是把万物成就成"可以成就万物的东西"。宇宙教化圣人，也是把圣人教化得可以教化人。我们看阳明悟道前后的经历，可以知道，阳明在较长一段时间内自身行为与道完全一致，遂感受到不间断的本体。体会到了这个不间断本体，生死遂不成为问题。阳明是在自身与道冥合（也就是传道）的过程中，才悟道的。在阳明悟道之前，已然在不自觉地传道，在这个过程中突然意识到，圣人处此也是这么做，这才悟道。而不是反过来，先悟个什么道再去传道。如果一心要寻个道，这个心很可能就是自私的心，这样的心和道是南辕北辙的。以这样的心态悟道，越悟道越远。

我们再看心斋先生悟道的经过。

一夕，梦天坠，万人奔号，先生独奋臂托天起，又见日月列宿失次，手自整布如故，万人欢舞拜谢。醒则汗溢如雨，顿觉心体洞彻，而万物一体、宇宙在我之念益切，因题其壁曰："正德六年间，居仁三月半。"

这是心斋先生经过三个半月十分严密的功夫之后，梦中悟道的经历。《论语·雍也》："子曰：回也其心三月不违仁，其余则日月至焉而已矣。"一年十二个月，每个季节三个月。程子说, 三月是天道一小变。三个月, 便会遇到一次季节的轮替。这个过程中, 身体容易生病, 心态也容易产生波动。而颜回时时刻刻安住于仁体, 三个月都是一个样子。其他人也有合于天道的时候, 只不过他们偶尔才有那么一次。有的一天一次, 有的一月一次。朱子说: "日月至焉者, 或日一至焉, 或月一至焉, 能造其域而不能久也。"

心斋, 则三个半月都"居仁"。这个居仁, 即"居仁由义"的居仁, 内心安住的地方是仁, 言行发动, 皆合于义。淮南格物说的第二套功夫, 是在本体间断的时候, 时时刻刻安住于本体, 是不间断地做"间断功夫"。六、七、八三讲, 一觉已除、肯认真乐、诚意慎独, 都是这个功夫。这个功夫做到严密, 本体间断的时候就很少了。这时候人的身心状态就和道的状态相近了。颜回三月不违仁、心斋居仁三月半, 都是第二套功夫做到精熟。这时候, 不间断的本体自然呈露。"子在川上曰: 逝者如斯夫, 不舍昼夜。"功夫做到不间断, 身心状况就如昼夜不停的川流, "与天地合其德, 与日月合其明, 与四时合其序, 与鬼神合其吉凶"。

心斋等诸位弟子跟随阳明先生学习, 有一次, 一位太守与阳明及门人饮酒。喝完酒, 阳明叹息说: "诸君不用功, 麻木可惧!"阳明这个批评很严厉, 诸位弟子跪下请阳明先生指点。阳明说: "第问汝止!"第, 就是但的意思, 言下之意, 不要问我, 你们去问心斋。心斋回答说: "太守行酒时, 皆燕坐不起, 谓非麻木乎?"太守行酒的时候, 大家都燕坐着不起身, 这难道不是麻木吗? 在场的诸位学友听闻后惭愧不已。一庵称心斋"斋明盛服，一时具在"，这就是心斋功夫的严密。时时安住于本体，而不是偶尔来一次，"或日一至焉，或月一至焉"。

一方面，时时安住于本体与偶尔来一次没有绝对的鸿沟。刚开始做功夫的时候，一天来几分钟肯认真乐，来几次一觉已除，就很不错了。到了下个星期，到了下个月，人安住于本体的时间就多了，而且一点也不吃力，绰绰有余。要不间断地做间断功夫，这个"不间断"，只是说要不停做。每天做一次也是不停地做，功夫不离身也是不停地做。

另一方面，时时安住于本体与偶尔来一次又有根本的差别。时时安住本体，此时直心而行的心不只是当下的知，而是"通乎昼夜之道而知"，这个行，关涉生命整体。而"偶尔来一次"，偶尔来的那一次，只是整个生命不同时在场的情况下，良知的发窍。

在心斋三个半月不间断的功夫中，心斋的整个身心状态和天道相近，几乎是念念致良知，时时安住于本体。这时候，知行本体便安在了生生不息之天道上，便转化为知行传本体。此时心斋念念所期，没有别的，只有救人，只有成就别人。所以心斋梦中只手托天，拯救万民。天塌下来是十分恐怖的。一次大地震之后，有一位学友告诉我，他梦到夜里地震了，十分可怕。在梦里，他立刻往门外跑，一边跑一边大声喊醒家人。也没有管家人有没有醒来，自己先跑出去了。他醒来之后，愧疚不已，不能接受自己在梦里没有救家人，而是自己逃命。心斋的梦里，天塌下来，心斋一点恐惧也没有，一点自私的心也没有，只是奋然托天而起。阳明悟道前，念念所期，也只是救身边的随从。圣人面临这种境况，也只是如此。

四、小结

淮南格物一共三套功夫。做第一套功夫可以见个间断中的本体，而做第二套功夫是安住于这个本体（知行本体）；做前两套功夫可以见个不间断中的本体，而做第三套功夫则是安住于这个本体（知行传本体）。这里的"见"，不是理解，而是一种体会、一种格度体验。在对不间断本体没有感受的时候，第三套功夫是完全用不上的，如果用上了，那就是捕风捉影地用，这样做功夫，一定会产生心火。这样做功夫，只要用淮南格物第一套功夫验证一下，立刻会发现，用功的动机只是成为圣贤的私欲、急功近利的私欲。初学者只须实实落落做淮南格物前两套功夫，到一定时候，自然能不由概念知见而真实体验到这个知行传本体。到那时候，第三套功夫自然而然能够上手。

本讲没有说明第三套功夫如何操作，只说了这套功夫的前提，乃是见到知行传本体。下一讲，将有一些对功夫操作方法的说明。

第十一讲

动静昼夜

一、动静

功夫不分动静。动的时候也是良知做主宰，静的时候也是良知做主宰。前几讲，我们区分了第二套功夫中的良知和第三套功夫中的良知。因功夫阶段不同，动的时候或者静的时候，做主宰的良知，其状态也有所不同。

（一）

在我们本体还不能够做到不间断的时候，我上班，这是动，这时候我全然让良知当下发用，我便专心致志地工作。中午下班，吃饭，这是静，这时候我就安心乐意地吃饭，不去想工作的事情。

阳明："今人于吃饭时，虽无一事在前，其心常役役不宁，只缘此心忙惯了，所以收摄不住。"现在人吃饭的时候，虽然当前什么事情都没有，但是心常常想东想西，被各种念头奴役，不得安宁。这是因为他这颗心忙惯了，习惯于向外奔驰，所以收摄不住。

从第二套功夫的角度看，吃饭的时候便只是吃饭，我心中不去想着职位升迁的事情，不去想着孩子的月考成绩，不去想着阳台上的花开得怎么样了。这就是当下安住于本心。但是，有时候我就是忍不住想东想西，这时候怎么办呢？没有办法。因为我的生命状态就是这样的，平常我就是个充满私心、欲望的人。我吃饭的时候想东想西，也是我的整个生命状态所致。不想着调整整个生命状态，就急着当下做到"吃饭的时候只是吃饭"，这也是私欲，是急功近利。在这种情况下，我要是强行克制吃饭时所生的杂念，那一定会产生巨大的心火，损伤心性，让自己的气量越来越狭窄。如果我平时的生命状态没有那么差，也许我吃饭的时候想东想西，就很容易"一觉已除"了，而且"除"得绰绰有余。第二套功夫的特征就是，心体是间断的，人心时时出离本体，我们要不间断地做回到本体的功夫，这样心体的间断便越来越少，功夫也就越来越顺畅省力。

在本体有所间断的时候，虽不能够念念致良知，也还是有很多良知做主宰的时候。比如肯认真乐的时候、一觉已除的时候、诚意慎独的时候。只要第二套功夫在身上，就是良知做主宰。只要良知做主宰，便是动亦定、静亦定，都是定于良知。这个时候是动中有静、静中有动的。做事情的时候，内心不为外界所扰乱，这就是动中有静；

无事的时候，人不松懈，保持着积极的状态、跃跃欲试的状态、引而不发的状态、充满弹性的状态，这就是静中有动。

比如吃饭的时候，我们只是吃饭，不想东想西，神清气爽。这时候，别人一叫，我便答应。这安静吃饭的时候就是静中有动。工作的时候，虽然事务很多，但是内心平和，到了下班的时候，便高高兴兴回家去，不去纠结工作中冗杂的没有多大意义的事情。这积极工作的时候就是动中有静。

在这个阶段，静中有动，动中有静，都是针对良知作主宰的"当下"而言的，这个时候，人心是鸢飞鱼跃的，是活泼泼的。

（二）

如果我功夫基本上做到不间断，那么我吃饭的时候什么都不想，心中没有任何私心杂念，而且我清清明明、绰绰有余，别人一叫我就答应，这一点是和本体间断的情况一致的。更进一步的是，我有一个十分明确且强健有力的意志。这个意志是生命全体的意志，它包括但又不仅仅是针对当下生命状况的意志。我现在吃饭的时候什么都不想，可以给我的大脑乃至部分身体组织以足够的休息。如果没有这个休息，接下来的生命活动便会有些紧绷，不能绰绰有余。同时，我吃饭的时候什么都不想，也就不会损耗人的精力，不会损耗人的生命。人的生命是有限而珍贵的。

钱穆先生坐公交的时候，便端端正正坐着，什么都不想。因而他到九十多岁的时候，还在素书楼讲课。我们的生命是十分可贵的，不容一点浪费。有的朋友，工作的时候很忙，下了班，几个关系好的同事就聚到一起，共同的话题永远是抱怨领导、计较同事。这看起来是下班之后的一项"放松"活动，其实十分耗神。这样过去一天天，一年年，人生就过去了。这是蹉跎岁月。孔子说："群居终日，言不及义，好行小慧，难矣哉！"说的就是这种生命状态——成天聚在一起，谈论的东西完全和道义无关，也就是和自己的身家性命无关，就喜欢搬弄一些小聪明，这样的人生是很难有出口的。这样的人生，放眼望去，便是一路往下堕落。人的生命十分有限，不容损耗，这就是孙悟空学的最主要的东西。菩提老祖传授孙悟空秘诀，就是精气神不泄露（"都来总是精气神，谨固牢藏休漏泄"）。后来，孙悟空在同门中炫耀神通。菩提老祖怒斥他："口开神气散，舌动是非生。"这便是说孙悟空泄漏。又斥责："我问你弄甚么精神，变甚么松树？"无端搬弄精神，亦是泄漏。菩提老祖因此把孙悟空逐出师门，不许他说是自己的门人。

可以看出，在本体几乎不间断的时候，静的时候固然没有任何私欲掺杂，只是良知如如不动，但这还不够精细。静的时候，将要发生的那个"动的时候"也已经在场。吃饭的时候，精神不奔驰泄漏，精神收摄住——因为不如此，则需要精神发用的时候，精力却不能饱满充沛、绰绰有余了。

（三）

近溪用呼吸来比喻动静。呼气的时候，鼻头是温热的，在呼气的同时，胸腔越发难受，越来越想吸气。而接下来，正是这个想要吸气的势头让你吸气的。吸气的时候，鼻头是凉的，这个时候胸腔也会感受到张力，越来越想呼气。而接下来，正是这个想要呼气的势头让你呼气的。人的呼吸，呼中有吸，吸中有呼。动静也是这样，人没有应事的时候，良知一样活泼泼的。人无事时的良知越是活泼，那么他以这颗心应事，良知就越是运用巧妙；人有事的时候，良知未尝不宁静，那么他事情处理完了之后，以这颗心自处，则静中的趣味就更深远。

人的动静的转变，或者有事无事的转变，其心体不是从一个状态突然"切换"到另一个状态，而是从一个状态自身转化为另一个状态。比如两个人说话，我说，小赵听。我说的时候，时时准备听到小赵的回应，小赵突然说一句，我不会觉得不自然。小赵听我说的时候，也跃跃欲试，准备随时和我交流。如果我们俩不是这样，那我对小赵的说话很可能是不顾及他人的自说自话；小赵听我说话也很可能只是硬着头皮听完。说的时候，说是显现的，听是隐藏的，但是二者同时俱在；听的时候，听是显现的，说是隐藏的，但是二者也同时俱在。

如果区分诚意阶段（第二套功夫）和正心阶段（第三套功夫）的动静关系，可以这么说：在诚意阶段，动中有静，静中有动。不会着于静，而变得枯槁；也不会着于动，而变得精神放驰。听的时候，时时将说的心也在；说的时候，时时要听的心也在。在正心阶段，不但动中有静，而且动中的这个静，我能清清楚楚地感受到它在这里，并且在我静的时候，正是这个原本隐而不现的静走到了前台。这个走到前台的过程，走到前台的每一步，我都清清楚楚地看着。

两种动静关系，以跑步喻之。前一种，是在一条陌生的小路上跑步，跑的时候并不知道前面会遇到什么路况，在跑的时候，我时时可以变换调整步伐和路线来应对新出现的路况；后一种，是在一条知道路线、知道终点的路上跑步，每一步既是当下直心而发，也是奔着终点而去。前一种跑步，我的气息保持平和，动而无动，不动气，保持平稳的、绰绰有余的身体状态；后一种跑步，我对自己的精力、对自己的整个身心状态有一个统领，我跑到了半程，精力用了一小半，我保持着绰绰有余的身体状态。这两种绰绰有余也是不同的。前一种是当下的绰绰有余，后一种不但当下绰绰有余，而且这五分钟也必是绰绰有余，整个人生也必是绰绰有余。所谓整个人生的绰绰有余，亦即，对整个生命有个通盘的考虑，过的是"一生"，而不是"一朝"。所以孟子说："君子有终身之忧，无一朝之患。"君子生命恒常，稳定，坚韧。君子过的是一辈子，而不是一朝一夕。君子的生命基调不是今朝有酒今朝醉。

泰东书院有一位学友 A，28 岁。那时盛夏，大家在聊天。学友 B 说，现在是一年生命力最旺盛的时候，最暖和，草木也最繁盛。过不了多久，天地就突然要变脸了，一片肃杀。接下来，就是寸草不生的冬天了。

这时候，学友 A 的好朋友问他：你觉得自己能活到 84 岁吗？

学友 A 说：大概活不到吧。

那人就跟学友 A 说：那你的生命不久就要到秋天了。因为三个 28 岁就是 84 岁，你的生命已经过了三分之一以上了，你现在就像在盛夏，马上就要往秋天转变。慢慢地，体力不够，皮肤衰老了。孩子马上上小学中学大学，组成自己的家庭，一切非常迅速，让人猝不及防。就像现在，不久就要西风乍起了。

这个学友 A，被这番话惊住了，如梦初醒。他好像不知道自己的人生已经过了三分之一一样，还觉得生命很长很长。

真实的人生，应当是全体生命在场的。每天都是绰绰有余，整个生命都是绰绰有余，这才是生生不息的状态，安住本体的状态。孔子说："吾十有五而志于学，三十而立，四十而不惑，五十而知天命，六十而耳顺，七十而从心所欲不逾矩。"夫子给我们描述了整个生命的历程。孔子又说："君子有三戒：少之时，血气未定，戒之在色；及其壮也，血气方刚，戒之在斗；及其老也，血气既衰，戒之在得。"这样的话，其中蕴含孔子对生命的整个过程的照察。小时候，外公修剪果树，把一些果子剪掉。我那时候很不解，心里想着，果子不是越多越好吗？外公告诉我，树就这么多养分，只能结出这么多果子，果子太多了，就不好吃了。外公对果树的整个生命历程有个通贯的理解，故而能如此。孔子对人的全副生命有个通贯的理解，故而能如此描述生命。我在广州，身边很多家长把孩子送到补习班，报上十几个补习班。孩子疲于奔命，生命变得十分脆弱单薄。到了初中，很多小孩知识很多，但也很冷酷，心性凉薄。如同一棵树，结满了酸涩干瘪的果子。

（四）

心斋："阴者阳之根，屈者伸之源。屯卦初爻，便是圣人济屯起手处。"

阳植根在阴，卷屈是伸展的源头。圣人度过屯难，正是从屯卦的初爻开始做起的。（屯卦初爻的爻辞："磐桓，利居贞，利建侯。"）

"阴者阳之根，屈者伸之源。"便是说动的根源在静。屯卦，屯字，下面一个屮（草）字，上面一横如同大地。草在大地之中，没有长开。如同寒冬，情势艰困。我们要移风易俗，在这个时候已经要开始做了。屯有屯难（这时读作"尊"）的意思，又有囤积急需（这时读作"豚"）的意思。

心斋："圣人济屯曰'利建侯'，只是树立朋友之义。"

　　我们顺着心斋的理解，看屯卦爻辞。我们的一切言行，都是知行传本体，"不传不是行"，如果不是旨在传道的行为（成就别人的行为），就不是君子所应当做的，也就是脱离了知行传本体的行为。一个立志移风易俗（也就是传道，也就是成就他人）的人，他的一切行为都是在移风易俗。在他处于屯卦初爻的时候，他没有权力地位，也没有足够的人格感召力，他不能一下号召起一群人来从事移风易俗的事业。这个时候，他要是跑到大街上去移风易俗，这不是移风易俗使然，这只是他要移风易俗的私欲使然。因为连他自己也知道，他这么做根本不可能移风易俗的。所以，真要移风易俗，这个时候需要凝聚志同道合的人。这个时候的"传"，反而是表现为盘桓不前（"磐桓"），并且自身行得端正（"利居贞"），并且凝聚起一些志同道合的朋友（"利建候"）。

　　从动静的角度看，在各方面条件尚不成熟的时候，这是静。我们没有入世担当世道，而是处于隐者的状态。我们虽然是隐者，但是叫我去担当世道，我随时都可以上场。这是第二套功夫下的动中有静。

　　如果在各方面条件尚不成熟的时候，我们知道移风易俗需要准备什么，并且我们正在实实落落地准备着，那么，我们虽然在隐居，但是这个隐居已然是传道中不可或缺的一环了——我们已经在传道了。如果这段时间不能凝聚一批志同道合的朋友，以后时机成熟，亦无法担当起这个世界。到那时候，还是要回过头来凝聚一批志同道合的朋友。

心斋说："隐居以求其志，求万物一体之志也。"心斋先生说的这个万物一体，便是万物一身，便是"天地万物依于己"。即便是隐居，也是在为这个宇宙的生生使着大力气，一刻都不放下。

从知行传的角度说，第二套功夫下的动中有静是：隐居的时候也随时可以入世；而第三套功夫下的动中有静则是：隐居的时候本身就在入世。

孔子周游列国，"无行而不与二三子"。虽然他知道当时自己必不可能救世，但是他知道自己的一言一行都展现在弟子面前，教导着弟子，同时也展现在几千年后的我们面前，教导着我们。所以孔子没有所谓"隐"，孔子的隐也是在传道，也是在参与宇宙和人类世界的运行。

孔子说："二三子以我为隐乎？吾无隐乎尔。吾无行而不与二三子者，是丘也。"这句话用心斋的意思解释便是：你们几位弟子以为我隐居不出来救世吗？我没有隐居这回事。我没有一件行为不展现在你们面前教导你们（也教导后世），这就是我孔丘。

心斋说："出则为帝王师，处则为天下万世师。"如果我们出来做官，那一定要做帝王的老师。这并不是说除了做皇帝的老师，除了皇帝对我言听计从，我都不会出来做官。而是说，我出来做事情，便要做孔子那样的事情，做出个儒者的样子，以儒者的人生方式改变整个国家。儒者以国家为业。如果隐居，那我也要如孔子那样，以教化天下万世为业。其实做帝王师也是教化天下万世的一环。我出来做官，那么我教化天下万世的方式就是做帝王师；我不做官，那么我教化天下万世的方式就是做天下万世的老师（通过讲学，培养一批儒者，形成良好、稳定、可持久的传承方式，让一批批人成为儒者，担当世道。心斋："六阳从地起，故经世之业，莫先于讲学以兴起人才。"）

有以伊、傅称先生者。先生曰："伊、傅之事我不能，伊、傅之学我不由。"门人问曰："何谓也?"曰："伊、傅得君，可谓奇遇。设其不遇，则终身独善而已。孔子则不然也。"

有人称赞心斋先生，把先生比作伊尹、傅说。先生说："伊尹、傅说做的事情我做不到，他们的学问，也不是我所走的路子。"门人问心斋："此话怎讲?"心斋说："伊尹、傅说得到君王的器重，那是奇遇。假如没有这个奇遇，那么他们也就终身独善其身了。但是孔子不是这样的。"

这里，伊尹、傅说，在心斋看来，便是第二套功夫中的动中有静、静中有动。没有机缘，便独善其身；有机缘，便出来救世。

而孔子则是第三套功夫中的静中有动。他当时没有担当国家的重任，但是他无行不与二三子，正担当着万世师表的重任。不论机缘如何，孔子都做着一样的事业——万世师表。

程子《定性书》说"动亦定，静亦定"，伊尹、傅说之动静皆定于自身之操守，也就是知行本体；而孔子之动静皆定于知行传本体。

二、昼夜

当第二套功夫做到几乎不间断的时候，功夫自然就不限于白天了。

上一讲，我们说心斋的知行本体（也就是知行传本体）时讲到心斋对于知行的定义：行是"天行健"的行（也就是日夜不息，时时运行不间断），知是"通乎昼夜之道而知"的知（也就是阳明所说的良知知昼知夜，良知时时作主宰，昼夜不间断）。心斋的夜间功夫，即与此有关。

这里先说一下夜间功夫的前提，即是第二套功夫做到不间断。第二套功夫做到一定程度，自然进入第三套功夫，而不需要人为调整到第三套功夫。第三套功夫的前提是，人的知行基本上是常知、常行。

心斋："颜子'有不善未尝不知'，常知故也；'知之未尝复行'，常行故也。"

因为颜子的功夫是不间断的，所以生生不息的仁体在颜子身上贯彻是恒常的状态。因为本体是不间断的，所以假使有什么不善的地方，也好像眼里突然掉进一粒沙子，不可能感觉不到。如果感觉到沙子掉进眼里，不可能不把沙子弄掉——因为眼里没有沙子，这已经是生命的常态了。因为直心而行、任良知而行是生命的常态，所以有不善之行，必定如洪炉点雪，一点即化。

心斋："'道心惟微'，道心者，学道之心也。学道则戒慎不睹，恐惧不闻，有不善未尝不知，知之未尝复行，见几微也。"

《尚书·大禹谟》十六字心传里的"道心惟微"，这个道心指的是儒者学道的心。既然是学道，那么在良知做生命的主宰的时候，这个时候一点私欲都没有，一点人为安排都没有（不睹不闻），完全是良知在发用流行。这个时候我们要有戒慎恐惧的状态。（这个戒慎恐惧，也就是淮南格物第二套功夫的第三点诚意慎独，也就是敬慎此独体。）我们本是良知做主宰，没有不善。这时候，只要一出现不善，我们也能立马知道，一知道有不善，也能立马不会让不善继续。这里面最为精微。

心斋这两处说颜子，可以看出，颜子的"第二套功夫"已经做到不间断了。颜子已然几乎时时安住于本体了。功夫到这个地步，不间断的本体（知行传本体），早就显露出来了。

《传习录》中，有一段对昼夜功夫的描述：

　　问"通乎昼夜之道而知"。先生曰："良知原是知昼知夜的。"又问："人睡熟时，良知亦不知了。"曰："不知，何以一叫便应？"曰："良知常知，如何有睡熟时？"曰："向晦宴息，此亦造化常理。夜来天地混沌，形色俱泯，人亦耳目无所睹闻，众窍俱翕，此即良知收敛凝一时。天地既开，庶物露生，人亦耳目无所睹闻，众窍俱辟，此即良知妙用发生时。可见人心与天地一体，故上下与天地同流。今人不会宴息，夜来不是昏睡，即是妄思魔寐。"曰："睡时功夫如何用？"先生曰："知昼即知夜矣。日间良知是顺应无滞的，夜间良知即是收敛凝一的，有梦即先兆。"

　　学生问阳明《周易》中"通乎昼夜之道而知"的意思。阳明说："良知原本是知掌昼夜的。"不管白天还是晚上，良知都是人心的主宰。

　　学生又问："人熟睡的时候，良知也不'知'了。"阳明说："良知不'知'的话，怎么一叫睡着的人，他就能被叫醒呢？"

　　学生说："良知如果能知昼知夜，人怎么还有熟睡的时候呢？"阳明说："《周易》随卦说向晦宴息（要到夜晚，人便开始从发散应事的状态转为收敛凝一的状态），这也是宇宙造化的常理。夜晚天地混沌，一切形色都泯没入黑暗寂静之中，人的耳目也一样没有去听去看，这些感官孔窍都合上了。这就是良知收敛凝一的时候。（良知不是不知，而是以收敛凝一的方式知。收敛凝一即是良知的知。）到了清晨，天地明亮，万物露出生机，人的耳目也可以听可以看，这些感官孔窍都打开了。这就是良知妙用发生的时候。可以看出，人的心和天地是一体的，所以古人说‘上下与天地同流’。现在的人不能和天地同流，不会向晦宴息。到了晚上，不是昏昏入睡，就是各种私心杂念，生出各种虚妄的思虑和梦寐。”

学生问：“睡觉的时候怎么做功夫呢？”阳明说：“良知知掌白天（白天直心而行），那么良知也能知掌夜晚。白天，良知是顺应的，没有滞涩的，那么晚上良知也就是收敛凝一的（收敛凝一也就是夜晚的直心而行），一般是没有梦的，有梦就是先兆了。”

白天如果是个生生不息的状态，刚健有力，时时安住于本体，那么到了晚上，身体必定是“乐于”休息的。这个时候，身体不是一种疲乏的感觉，而是一种幸福和乐的感觉。白天如果真的是安住于本体（不是勉强自己，硬着头皮干一天的活）的话，那么必然是充满意趣的，兴致盎然的，绰绰有余的。那么到了晚上，身心都是一种快乐的状态，这是第一个乐于入睡的原因。第二个原因，晚上好好睡一觉，第二天又可以精神饱满地投身到传道的事业中去（也就是投身到齐家治国中去）。所以晚上一定是乐于入睡的。这时候没有一点私心杂念，夜里也是不生梦的。即便有梦，也很容易消解。

泰东书院的一位学友，讲他梦中用功的经历。这位学友也是佛教的修行者。他睡觉的时候，梦到自己正在做一件事情，这件事情不是良知所发，而是私欲所发。他梦中能够意识到自己在做梦。因为这位学友那几日功夫比较笃实严密，生活比较充实，合于乾道，因而晚上良知清清明明的，自己做梦时还能意识到自己在做梦。在这位学友梦到自己做了一个不好的梦的时候，他就在梦中念阿弥陀佛，念了一会儿，自己就不再在梦中做坏事了，只是在梦中念佛。

按照泰州学派的讲法，不好的梦，那是睡觉的时候，本体有间断了，不是良知做主宰（良知做主宰，必是向晦宴息），而是私欲做了主宰，于是这个私欲就找了一个梦境。这时候，我的良知觉察到不对劲。其实觉察到不对劲的时候，良知已经是人心的主宰了。这个时候应当不做任何安排，依良知而行，对之前的错误也不生悔恨——因为这种悔恨是求全责备的私欲，求做圣人的私欲，急功近利的私欲。这位学友恰恰是因为有这个私欲，所以在良知觉得不对劲的时候，立马又觉得我不能做这种小人，该念念阿弥陀佛。于是这个念头又造了一个梦境——自己在念阿弥陀佛。当人的一个私欲盖过另一个私欲的时候，人一定是变得更糟的。往往大的私欲才可以盖过小的私欲。这位学友，求做圣人的私欲明显是高过之前做的坏梦所反映出来的私欲的。

后来，这位学友开始做一觉已除的功夫，而且有一段时间功夫很严密。另一个晚上，他又梦到了那件不好的事情。这个时候，他意识到不对劲。在他意识到自己的梦不对劲的时候，已经是良知做了主宰了。这个时候，这位学友仅仅安住于这个意识到不对劲的感受上，这个梦当下就没了。但是他回忆当时的感受，心中是十分愉悦的。

在这位学友第一次做梦的时候，当他意识到坏梦不对劲，那个梦必然已经消失了。后来他求做圣人的私欲才给他造了一个新的梦境。这两个梦境，醒来回忆，好像是连贯的。其实，当时可能完全不连贯，甚至两个梦境之间隔了一两个小时。功夫没有到一定地步，人对梦境没有明确的时间概念。

在我们做淮南格物的第二套功夫时，我们不间断地做。随着我们做得越来越严密，也就开始做梦中的功夫了。但是这个梦中的功夫也还是第二套功夫的范畴。等到基本无梦的时候，才真正是正心功夫。到那个时候，刚刚入睡，整个人便是向晦宴息的状态，整个身体仿佛是一块正在解冻的冰块。而到了半夜，人可以感受到心中的意志开始升起来，仿佛一颗火苗开始慢慢燃起来，仿佛高山上有一点泉水开始流出来。到了整个身体充满阳气、充满春意的时候，人是自然起床的。这便是真正的夜晚的正心功夫。

这时候，私欲引发的梦不会有，一些睡眠时外物引发的梦也不会有。以前，房间里的玻璃杯摔碎了，这个摔碎的声音被我听到了，立马便会产生一个梦境。比如白天看了一场电影，汽车撞破玻璃。可能在梦里，我就驾驶着汽车，撞破了玻璃，发出了碎裂的声音。如果做到正心功夫，睡眠时有杯子碎裂的声音，你就知道是杯子碎了。你妻子上夜班，可能不久要回家，这时候你一定会起床把碎杯子清理一下。又如，你在睡眠的时候，突然有人敲门，你不会因为这个咚咚咚的声音产生一个梦境，只会掀开被子、起床、开门。因为你知道半夜找你，一定是出了什么了不得的事情。

白天和夜晚还有一个很大的不同。白天人可以很清醒地感知到自己精力的消耗，清楚地感知时间。比如我花了三个小时做一个文案。我没有看时间，我可能会觉得自己做了两个小时，或者做了五个小时，但是绝对不可能以为我才做了十分钟，或者我做了十个小时。但是梦中却是有可能的。我的父亲睡眠不好，有时候，他睡下去十来分钟，意外惊醒。父亲问我他睡了多久，他有时候甚至觉得快到早晨了。如果功夫到了正心阶段，人对梦中自己的身心状况是十分清楚的。身体如何恢复，肠胃是个什么状况，什么时候开始一阳来复，什么时候精神已经十分饱满，这些都是很清晰地展现在心中的，而且这个展现是时时不断，贯穿整个夜晚的。这种情况下，在睡眠中，人是知道时间的流逝的——知道已经睡了多少时间，什么时候要天亮。

大略说来，子时之半（零点），人的宴息是最深沉的，阴气也是最大的，对应坤卦。这时候开始有阳气升起来，这便是天根，对应复卦（复卦即坤卦的第一爻变成阳爻）。从天根开始，人的阳气不断上升，到了午时之半（正午十二点），阳气达到鼎盛，对应乾卦。这时候阳消阴长，阴气开始上升，这便是月窟，对应姤卦（姤卦即乾卦的第一爻变成阴爻）。随着阴气的上升，到了子半，人的阴气又到了最大的时候，天根便又露出头角。

淮南格物功夫做到正心，人便对整个生命状态有个整全的掌握。不但是一天如此，一生也是如此。到了这个时候，人的一言一行都是确凿无疑的，都是良知发出的，都是在知行传本体上的。

一庵："天根指《易》之复卦，是说动之端；月窟指《易》之姤卦，是说静之端……善学者特于二者之间握其机而已。尧夫（邵康节）又一诗云：'恍惚阴阳初变化，氤氲天地乍回旋。'亦是说此。须玩'初''乍'字。盖言动而未动、静而未静。学者握得此机，则可得意忘言，枢纽造化矣。《大学》'诚意'、《中庸》'未发之中'，皆须识此初、乍意思，乃谓得之。我先师云'若得吾心有主张'，须是在这里主张始得。"

天根指《周易》的复卦，是说动的端倪（阳长的开始），月窟指《周易》的姤卦，是说静的端倪（阴长的开始）……善于学习的人，只是在天根、月窟之间掌握其中的机窍罢了。康节先生又有一首诗说："恍惚之间阴阳刚刚起了变化，天地之间一团浑沦的生生之气开始回旋。"也是这个天根月窟说。须仔细玩味初、乍二字。说的是已经有动的势头，但还没有动；已经有静的势头，但还没有静。学者掌握这个机窍，就可以领会真意而忘掉知识言论，就

可以做宇宙造化的枢纽。《大学》的"诚意"、《中庸》的
"未发之中"，都要切实领会这个初、乍的意思，才能真的
领会诚意和未发之中。先师心斋说"若得吾心有主张"，就
是要在这里主张才能领会古人的深意。

诚意慎独（前几讲提过，一庵所说的未发之中即是独
体，慎独也就是敬慎此独体）是淮南格物的第二套功夫，
是不间断地做间断功夫。这个功夫做到不间断，自然能看
到不间断的本体，也同时自然地进入第三套功夫。从功夫
的起点上看，诚意慎独是第二套功夫；从功夫的最终完成
上看，诚意慎独要做到连贯不间断，才算是真的做好。能
做到连贯不间断，自然看到一些不间断本体的特征——比
如天根月窟。所以一庵在这里说，领会了天根月窟的这个
初（天根）乍（月窟），才算真正"得"了诚意慎独功夫。

第十二讲

大人造命

一、生死

我们说知行本体、知行传本体、仁体、良知本体、心体、性体、道体，这些概念都是在说本体。本体即是宇宙本来的面貌，最真实的面貌。一个玩网络游戏的人，在游戏中，他的角色被打伤了，他要去报仇。这时候，他接到一个电话，说他的儿子被人打伤了。他一定立马放下鼠标，去看看儿子。因为他知道游戏不是最真实的生命，儿子才是。甚至有很多的父母，在万不得已的时候，愿意用自己的生命去拯救孩子。这就是父母的慈爱。这个慈爱在儒家看来，是一个比现实生活更加真实的东西。它比我实实在在吃到肚里的山珍海味更实在，比实实在在在存在银行卡里的现金更实在，比单位里面成天算计我挤兑我的同事更实在。孝悌慈，这种生命体验是一根本的实在。我的母亲，她希望我人生幸福，一切如我的心意。而我呢？我想买个电脑，同时又想给母亲买个按摩椅。我便给母亲买了按摩椅，因为我觉得换个电脑对我的工作没有那么大的帮助。母亲收到了按摩椅，她很不高兴。她说自己真的一点也不在乎每天能舒服一点。她说自己固然喜欢这个舒服，但是这个舒服没那么重要，只是生命的点缀，而不是生命的根本。就像我固然觉得电脑好一点的话，工作起来会方便一点，但是这点方便也只是生命的点缀，不是生命的根本。

生死这件事情，是生命中很大的一件事情。人在这个世上活几十年，这几十年的生活对有的人而言也只是生命的一个环节，它不是生命最根本的东西，并不能支撑起人的生命。许多人，很在意生命，很注重养生，一切以养生为务，老年的生活也不一定幸福。自己活得久一点，很多时候也只是更久地去处理各种鸡毛蒜皮的事情，在这些事情里更久地沉沦。

我的外公，以前得了很严重的病，生命不知道还能维持多久。他便拔了氧气管，要回家。外公很清醒，自己的几个子女因为承担医药费，很艰难。在外公看来，子女固然是出于孝心，但是他们须考虑到孙子一辈的生活，要"有数"。在外公看来，子女的人生是远远比自己的生命重要的。后来外公去世，外婆才告诉大家，外公还在银行里存了一笔钱，留给外婆和子女。

那段时间，我上小学六年级，正准备中考。最后一次和外公交谈是在他的病床前。外公见到我过于拘谨的样子，就和我说："不要毕毕循循的。"这是老家的方言（东台话），意思是，不要毕恭毕敬的样子，不要患得患失的。那次聊天，言不及其余。外公自己的难受、痛苦，一点也没有提到。

有一天，外公精神很好。他下了床，去客厅吃了点西瓜，然后上床躺着，把亲人都招呼到身旁，然后就这样去世了。这个过程何其自然！从生走到死，就像从家里推开门，走到门外。除此之外没有别的。因为外公的生命并不是安住于自己的生死上的。有一更为深沉厚重恒久的东西，支撑着外公的生命。直到今天，外公的生命在在的对我起着作用，外公一直没有离开过我。

阳明去世的时候说："此心光明，亦复何言。"在见到本体的时候，在本体的层面生活的时候，个体的生命不那么重要，得失荣辱不那么重要，此心的光明足以承担生死了。

有的人，他的生命活在今天，所谓今朝有酒今朝醉。有一些高一的孩子，他们活在眼下的三年之中，全副心思都是要考个好大学。有的人，他的生命活在这十几年，他有着对这十几年生命的规划，比如这几年要买车，这几年要买房。而这之后呢？自己并不知道。孔子对全副生命有个感受："十有五而志于学，三十而立，四十而不惑，五十而知天命，六十而耳顺，七十而从心所欲不逾矩。"不仅如此，他对整个历史有个认识。他删述六经不只是在自己的生命限度中做事情，而是站在宇宙的角度做事情，他在引导我们这个民族。很多时候，我们阴受其福而不自知。如果没有夫子，没有一代代儒者的传承，很难想象我们这个民族会变成什么样子。孔子说："殷因于夏礼，所损益可知也；周因于殷礼，所损益可知也；其或继周者，虽百世可知也。"又说："周监于二代，郁郁乎文哉！吾从周。"孔子的生命有一历史的维度。他不只是在他自己那百年生死之中活着，而是在历史中活着。他不止是在规划、成就自己的生命，也是在规划、成就整个历史、整个文明。孔子无行不与二三子，孔子的一切言行都展现在弟子面前。他也不止是在教眼下的弟子，眼下这些在自己百年生死之内有缘遇到的弟子，同时他也在做"万世师表"。

康节先生说过一段话："一世之事业者，非五伯之道而何？十世之事业者，非三王之道而何？百世之事业者，非五帝之道而何？千世之事业者，非三皇之道而何？万世之事业者，非仲尼之道而何？是知皇帝王伯者，命世之谓也；仲尼者，不世之谓也。"孔子的事业，是在永恒的宇宙中所做的。所谓"不世"即形容孔子的事业不可用时间框限。孔子在为整个宇宙人生奠定根基，把整个宇宙人生的根据奠定在本体上。以后圣圣相传，也只是安住在同一个本体上。比如阳明在自己的言行合于本体的时候，突然感受到："圣人处此，更有何道？""圣人之道，吾性自足。"这便是看到本体。看到这个本体，生死当然是不成问题的。因为此道太重，而个体的生命在此道面前，便不是那么重。同时个体的生命又是很重要的，因为道需要靠我们个体的生命实践来表达、来传递。

（这就是心斋先生说的"尊道尊身"。）如果没有这个本体，常人的生命便常常太过沉重，贪生怕死；又常常太过轻浮，失恋了，便抛弃父母、跳楼自杀。

回到淮南格物说第三套功夫。如果体证到了知行传本体，那么生死便不成为问题。生的时候，一切生命活动都是在传道，除了传道之外没有别的事情。（这个传道，未必就是讲儒学，完全可以是寻常的生命活动。我的外公没有学过心学，但他将去世时见我，只是让我不要毕毕循循的，而言不及其余。这便是除了传道之外没有别的知、别的行。反之，则是"群居终日，言不及义，好行小慧，难矣哉！"整天和众人群居在一起，谈的都是和道义不相干的事情，喜欢搬弄自己的小聪明，这样的人生很难成就了！因为所有的知行都不在大道上。）

阳明在龙场悟道前说，自己得失荣辱已经不滞留在胸中了，只是生死一念未化。而龙场悟道之后，生死一念便不再成为生命的困扰。去世时，阳明传下一句话："此心光明，亦复何言。"我们可以再看看泰州学派的儒者去世时的姿态，感受一下生死问题在先儒心中的位置。

二、心斋生命的最后几年——念念不及生死，念念唯传道

心斋先生是五十八岁去世的。对于心斋的朋友来说，

这个时候去世，大家是很意外的。学友都认为心斋能长寿。心斋去世后，东廓先生（邹守益，阳明江右弟子）、在庵先生（王玑，本是甘泉弟子，后又师事阳明）、龙溪先生（王畿，阳明浙中弟子）三位先生合写了一篇奠文。文中说："子善摄生，谓能永年，胡为遘疾，奄尔化迁？呜呼伤哉！超凡入圣之资，龙马海鹤之性，阖辟经纶之才，笃实刚明之行。名潜布衣而风动缙绅，迹避海滨而望隆远近……"

心斋善摄生，医术高明。我们可以从两点看。一、心斋先生二十三岁在山东的时候，究心医道，治愈了自己的重病。心斋先生也常常为乡人看病。嘉靖二年的时候，心斋先生四十一岁。那年秋天，乡间瘟疫肆虐。心斋先生每天煮药给大家调理身体，有很多人因此康复。二、心斋先生为父亲治疗疾病，事父很好。父亲守庵公活到九十三岁，在环境恶劣的海滨盐场，这是不多见的高寿。

心斋的学问是十分尊重己身的。心斋常说"身且不保，何以保家国天下"，"既明且哲，以保其身"。所以心斋的朋友多认为心斋能够长寿，"谓能永年"。

嘉靖十五年冬天，心斋先生五十四岁的时候，父亲守庵公去世了。心斋哀恸不已。"躃踊哀号，不食者三日，毁瘠几不支，戒子弟执丧礼甚严。"躃踊而哭，《仪礼·士丧礼》所谓"踊哭"，即是捶胸顿足的哭。人子面临父亲的去世，一定会哭得捶胸顿足的。这是人情之正。《礼记·丧大记》说"三日不食"，《仪礼·士丧礼》说："全三日，始

歠粥矣。"意思是三日之后，才开始勉强喝一点粥糜。因为
父亲去世，太过哀伤，完全无心饮食。这也是人情之正。
不是两日，也不是四日。如果是两日，则孝心不足；如果
是四日，则过于伤身。"毁瘠几不支"，也是合于人情的。
古代的丧礼有一个仪节，是用杖。因为父母去世，人子必
有发自真心的哀痛，身体难以支撑，所以需要用丧杖。（这
里，我们可以体会一庵先生评价心斋老师所说的："斋明盛
服，一时具在。"）在给守庵公下葬的时候，遇到极端天
气，特别寒冷，心斋先生只能冒寒给父亲构筑坟茔，因此
得了寒疾。

这个冬天之后，心斋便知道自己余下的生命不会很久
了，所以密集地传道。也就是在这个冬天之后，心斋开始
集中讲解淮南格物。根据《年谱》记载，心斋这个阶段，
频繁讲解格物，并且写作《格物要旨》。（赵大洲在为心斋
老师写的墓志铭中说："晚作《格物要旨》《勉仁方》诸篇，
或百世不可易也。"如今，《格物要旨》已经亡佚。）淮南格
物看起来与阳明对《大学》的疏解不同，实则是把良知学
开展得淋漓尽致。但正是因为这个原因，众多学友不认可
心斋。《年谱》心斋五十五岁一条中说："时有不谅先生者，
谓先生自立门户。"当时有不谅解心斋先生的人，认为他自
立门户。其中不乏罗念庵、王龙溪这样的王门高足。

念庵曾和龙溪交流过心斋"出入为师"之说。所谓出
入为师，即"出则为帝王师，处则为天下万世师"。这是淮
南格物第三套功夫中的知行传本体（也就是心斋的"大成

学"）所包含的意思。后来，念庵在心斋榻前接受心斋的传授，而后有心斋重要的一篇文章《大成学歌寄罗念庵》。当时，龙溪也写信给心斋，提到了念庵对心斋的疑虑（也有龙溪自己的疑虑）。心斋看过龙溪的信后，有一封回信：

《答王龙溪》

书来云"罗子（按：即罗念庵）疑出入为师之说"，惜不思问耳。谚云："相识满天下，知心有几人。"非先生而何？先生知我之心，知先师之心，未知能知孔子之心否？欲知孔子之心，须知孔子之学。知孔子之学，而丈夫之能事毕矣。

从这封信可以看出，心斋认为自己所说的大成学（淮南格物说最终的落脚点，第三套功夫），既合乎阳明先生的心，又合乎孔子的心，这是圣圣相传的真血脉。心斋去世后，东廓、在庵、龙溪三先生合写的奠文中，也明明白白提到："出入为师，孰云违之。"（心斋"出入为师"之说，谁说是违背师门教义的呢？）这算是同门对心斋最终的认可。

心斋五十四岁冬天因葬父而得寒疾，五十五岁到五十八岁去世，心斋一直在讲淮南格物，这个时候，有些阳明后学是不谅心斋的，所谓"时有不谅先生者，谓先生自立门户"。心斋的回答是："某于先师，受罔极恩，学术所系，敢不究心以报？"我在阳明老师这里，得到了极大极大的恩情。关系到学术本身的事，我怎么敢不挖空心思以报答老师呢？以心斋先生为人处事一贯的作风，我们不会怀疑这个"究心以报"的程度，也不会怀疑心斋是否表面传播师道、背后自立门户。心斋先生一定是极究其心、呕心沥血地发扬阳明老师之学的。

心斋生命中最后这几年，一直在讲淮南格物，而且很多时候是在床榻之上讲学。《年谱》中有几封心斋给大弟子波石先生的书信。我们来看其中一封：

> 屡年得书，必欲吾慈悯教诲，于此可见子直不自满足，非特谦辞已也。殊不知我心久欲授吾子直大成之学，更切切也。但此学将绝二千年，不得吾子直面会、口传、心授，未可以笔舌谆谆也。幸得旧冬一会，子直闻我至尊者道，至尊者身，然后与道合一，随时即欲解官善道，于此可见吾子直果能信道之笃，乃天下古今有志之士，非凡近所能及也。又闻别后沿途欣欣，自叹自庆，但出处进退未及细细讲论，吾心犹以为忧也。我今得此沉疴之疾，我命虽在天，造命却由我。子直闻此，当有不容已者。余俟面讲，不备。

这几年我多次收到子直你的书信，你一定要我慈悯地教诲你，从这里可以看出子直你不自我满足，对自己有更高的要求，而不只是说些谦虚的话。你殊不知，我久久想要给你传授大成之学（淮南格物说，尤其是第三套功夫）

的心思，更加急切。但是，这个学问的传承差不多断了两千年，如果我的子直不能来见我，当面口传心授，是不可能讲清楚的。这个学问是不能通过书信讲明白的。幸运的是，上次冬天，子直听到我尊道尊身、身与道合一的说法，当时就不想做官了。从这里可以看出我的子直果然能笃实地信守天道，果然是古往今来的有志之士，并非凡俗之人可以企及的。（波石先生为人似孔门子路。一方面波石践行笃实，像极了子路。"子路有闻，未之能行，唯恐有闻。"子路听闻了一些道理，如果还没有能够落实在自己的身心实践上，唯恐听到更多的道理。这是知行合一。另一方面，波石先生不注意明哲保身。这一点有点像孔子批评子路的"暴虎冯河"，不知道"临事而惧"。波石先生年龄不大，资质很高，官阶也很高，本来是可以对这个世道有很大贡献的，可是却因为刚直，为土司诈降所欺骗，战死于阮江城下。当时，波石先生知道此去极可能难免一死，但当时有不得不去之情势，如同子路结缨而死。害死波石的这个土司死后，他的孩子难以和朝廷对抗，便进贡了八头大象，求得招安。云南的老百姓十分不平，民间流传："堂堂二品承宣使，不及阮江象八条。"心斋在众多弟子中，最器重波石先生，视作自己的儿子。因知道波石先生从政难免有子路的危险，所以深深戒之。正如孔子说子路"若由也，不得其死然"，子路，是不能寿终正寝的。这不是在诅咒子路，而是在警戒弟子，以免横死。心斋也对波石有深深警戒。波石一度想要解官，不做官了，而去做别的事情，把

自己的生命价值发挥到最大。须注意，心斋对于做官不是
纯粹消极的态度。比如东城子，心斋是很支持他做官的。）
我又听说，子直那年冬天和我分开后，一路欢欣鼓舞，自
叹自庆。但是具体的出处进退，我还没有来得及和子直你
细细讲解。我的心，一直以此为忧。（直到次年心斋去世，
波石都未能再见心斋一面。我们看后来波石的人生结局，
可以体会到心斋何以为忧。）我现在身患重病。我的寿命虽
然在天，但是如何开创一个命却在我。（心斋的造命，也就
是发扬此道。而波石作为大弟子，有不容已的责任。）子直
听到这句话，当有不容已的使命感。我等着你来与你细细
讲解明白。

　　就在给波石先生写这封信的同一年（心斋五十七岁）
冬天，念庵先生到心斋病榻前问学。
　　当时，念庵在心斋病榻前诉说近来悔恨的地方，请求
心斋教益。心斋并没有正面回答念庵的问题。而是直接给
他讲淮南格物："但论立大本处，以为能立此身便能位天
地、育万物，病痛自将消融。"格度体验身为家国天下之本
（知大本）是淮南格物第一套功夫，而时时落落安立自身为
家国天下之本（立大本）是淮南格物第二套功夫。这两套
功夫是初下手都可以做的。如果如实用功，则能安立此身。
如果功夫做到不间断，自然进到第三套功夫，则能位天地、
育万物，自身悔恨的地方也自然消除了。所以《年谱》接
着说："且曰：'此学是愚夫愚妇能知能行者，圣人之道不

过欲人皆知皆行，即是位天地、育万物把柄。不如此，纵说得真，却不过一节之善。'"心斋继续说，这个学问，愚夫愚妇，告诉他们，他们也能知道，也能做（这里援引《中庸》）。圣人也只是传播此道，希望人人都能知道，都能做。这个传道，便是让天地定位、让万物化育的把柄（入手处）。不这样，即便功夫说得真切，也只是一节之善，片段之善。（一节之善，也就是知行本体，而不是知行传本体；是间断的本体，而不是不间断的本体。）这是把淮南格物三套功夫给念庵和盘托出。这第三套功夫，也就是知行传本体，也就是位天地、育万物，也就是大成学，也就是大人造命，也就是正心、修身、齐家、治国、平天下。

第一天，心斋先生和念庵先生说了淮南格物三套功夫，念庵不能完全领受。所以第二天，心斋又和念庵说第三套功夫的一些内容："己一身不是小，一正百正，一了百了，此之谓'通天下之故'。故圣人以此修己以安百姓而天下平。"这一天，念庵对同时在场的心斋弟子东城说："余两日闻心斋公言，虽未能尽领，至正己物正处，却令人洒然有鼓舞处。"正己物正，是儒家寻常的一句话。而心斋将这句话放在淮南格物第三套功夫中说，给念庵极大的触动。

心斋也知道念庵还没有完全理解淮南格物（尤其是第三套功夫）。那天晚上，念庵要回去，心斋特意挽留，和念庵说大人造命。（这里可以看出心斋传道之心的急切。）大人造命，也是淮南格物第三套功夫的一个面向。心斋给波石的信最终也落实在造命这件事情上。心斋和念庵说："瞽叟未化，舜是一样命；瞽瞍既化，舜是一样命。可见性能易命也。"瞽瞍是舜的父亲，总是要害舜。舜则是极尽其孝心，最终瞽瞍被感化。如果瞽瞍没有被感化，舜的言行足以作为天下的表率，可以号召天下人、凝聚天下人，这就是舜的命。瞽瞍被感化了，舜也是一样的命。可见，人的生命实践如果合于本性，则可以改变时命，开创一番新天地。

这还不算完。心斋在念庵离开自己后，写了一封诗歌体的书信《大成学歌寄罗念庵》。这封信中，心斋对淮南格物第三套功夫有直接的指点。本讲的末尾，将疏解此歌。

心斋传授念庵淮南格物（主要是第三套功夫，大成学）是在十一月的冬天，后一年，心斋便去世了（1541 年 1 月 2 日）。直到去世前一刻，心斋都没有停止过讲学。

《年谱》：

1. 先生卧室内，夜有光烛地，信宿始散，众以为祥。先生曰："吾将逝乎。"

心斋先生重病，卧床室内。夜晚，有光芒照射在地上，经过一宿才散去，众人都认为是祥瑞。心斋先生说："我要去世了。"

2. 先生病将革，犹集门人就榻前，力疾倾论。门人出，诸子泣请后事。先生顾仲子襞曰："汝知学，吾复何忧？"诸子复大泣，先生顾诸季曰："汝有兄知此学，吾何虑汝

曹？惟尔曹善事之。人生苦患离索，虽时序友朋于精舍，
相与切磋，自有长益。"无一语及他事。神气凝定，遂瞑。
及殓，容色犹莹然不改。

心斋先生病危，快要离世了（"革"字通"亟"），仍
然把门人聚集在床前，刚健有力而又心思敏捷地与门人畅
谈。（"力疾"有两层含义，一是勉强支撑病体，二是刚健
有力、心思迅速。"倾论"，倾其所知、尽其真诚地与人谈
论。）随后，心斋让门人出去，留下几位儿子。几位儿子哭
着请心斋交代后事。心斋看着次子东厓先生说："你知道这
学问，我还有什么忧虑呢？"心斋看着东厓子，我们从《年
谱》的记载，能想见这个眼神的刚健有力。淮南格物功夫
做到最后，人完全安住于知行传本体。心斋生前，这个道
在传承，心斋安住于知行传本体；心斋死后，这个道还在
传承，心斋也还安住于知行传本体。个体的生死完全不重
要，只是这个生生本体在流行。

心斋说了这句话后，诸位儿子又大哭。心斋看着东厓
子以外的诸位儿子说："你们有二哥知道我的学问，我还担
心你们什么呢？只要你们好好跟二哥学习就行了。人生最
怕离群索居（心斋常说"道因师友而有之"），你们需要常
常和朋友在精舍聚会，相互切磋砥砺，自然有长进。"心斋
只说了这些。一个看东厓子的眼神，委以讲学的重任，承
担起东淘精舍这个道场；一个看其他儿子的眼神，让他们
跟着东厓学习，在东淘精舍这个道场中切磋砥砺。除了传

道，心斋没有一句言及其他。直到这一刻，心斋的整个生命都是刚健有力的。他气定神闲，自然而然地瞑目而逝。如同一个白天保持充沛精力工作了一整天的人，到了晚上，安心乐意地睡着。到入殓的时候，心斋的脸色晶莹不改。

心斋从五十四岁冬天得知自己余下的寿命不多，到五十八岁去世，这期间，心斋不得已，密集地讲学，四处急切地讲解他的淮南格物说。这种景象，用心斋弟子乐吾先生的一首诗便是："我心合得回生药，世上急施惜命人。"这四年的讲学，使得其淮南格物说得以流传。许多泰州大儒的悟道，都和这个时期的讲学有关。就在这几年，山农经波石的引荐，向心斋求学，印证淮南格物和大成乐学。后来，山农的弟子近溪，成了三四传弟子中最著者。

从心斋五十四岁这个丙申年，到公元 2016 年这个丙申年，一晃就是八个甲子。因为心斋这四年的功夫，我现在才能对淮南格物的功夫有一管窥蠡测的了解。千千万万像我这样的人，才能找到生命的方向。心斋这四年的人生经历，是对知行传本体，对大成学，最佳的诠释。

心斋先生下葬之所在安丰的贤人山，因为一场灾难，贤人山被整个推平，心斋的棺椁竟被打开。一位亲历现场的心斋后人告诉我，开棺的时候，大家都很震惊，心斋的遗体面色莹然，尸骨被抛后，才变得焦黑。心斋后人冒着巨大的风险，藏起了先人的遗骸。

一庵去世的时候，看着自己的孙子说："你们告诉我的门人吴轩等等，只有一件事情叮嘱他们，就是会讲!"其他无一言提及。此外，一庵还有几句话，留在心中，说要等东厓来，当面告诉他，可惜东厓未至，一庵便去世了。

窃以为，东厓来了，必然知道一庵有事情要嘱托他。东厓也知道，没有别的事情，只是讲学传道这一件事情，而且这一件事情，必须一庵亲眼看着他，亲口告诉他，把力道施及他。（对于门人则不然，只让孙子转告。）虽然东厓最终没有见到一庵，但东厓必能心领神会。这等待的场景，使人想起孔子去世前不久，对子贡的一声感叹："赐，尔来何迟也！"（《礼记·檀弓》）子贡呀！你来得好迟啊！

东厓去世前三天，不和家人谈论家事，只和弟子雅歌，真乐不改。东厓和门人说："尔等唯有讲学一事托付之！"又和诸位子嗣说："汝等只亲君子，远小人，一生受用不尽。""更无一言及家事。"（《东厓先生行状》）这算是交代后事了。这时候，门人在一旁看到东厓子气定，便叫人快把他扶起来，给他穿上寿衣（按照本地的风俗，人死后再穿上寿衣）。东厓子说："是速之也。"不用这么着急，我很快就去世，现在穿寿衣有点早，你们从容一点，等到我气尽，再行穿寿衣的礼节。说着，东厓子"瞑目敛容以逝"。

淮南格物做到第三套功夫，则对自己的整个生命状态有个整全的、清晰的感受。

比如动静，人能体会到静中本有一个引而不发的动，在动的时候，这个引而不发的动从潜在的状态走到前台。由动而静也是如此。动时的这个动就是静时的动流转而来，静时的这个静也是动时的静流转而来。整个生命是动静周流不息的。人能实实在在感受到这个自身周流变化的过程。

再比如昼夜，良知知昼知夜，并且知道阴阳二气在一天中的屈伸往来，知道一年中自己气息的屈伸往来。

又比如生死，人能感受到自己整个生命历程中，气息的生长收藏。心斋先生去世前四年，死时时悬临在面前，如此安住于传本体。东厓先生临死的时候，还在耐心地和门人讲解自己最后一丝气息消逝的经过——这本身就是在传道，是无行不与二三子。

阳明去世前也是如此。阳明去世前几天，和一位朋友在舟中讲学。那位朋友突然问起阳明先生的病情，阳明先生笑着回答："所未死者，元气耳。"言下之意，我的生命本身已尽了，之所以没有死，是这个元气还没有消散殆尽。

在淮南格物第三套功夫中，生死问题大概有两个最重要的特征：（1）对生命盛衰的清晰明白的感知。（2）个体生命本身不是那么重要，生命和宇宙合一。宇宙只是成就万物，人也只是成就万物。成就万物，在人来说就是传道。所以只有一件事情，那就是传道。一切都是为了传道。生命之所以重要，因为舍此无以传道。同时生命亦不构成障碍，因为人念念所期，只是传道，不及其余。

三、大成学歌寄罗念庵

前文提到，心斋集中讲淮南格物功夫的那四年，有一篇重要的文章，寄给念庵先生。本节梳理这篇文章，以为全书结尾。

1. 十年之前君病时，扶危相见为相知。十年之后我亦病，君期枉顾亦如之。始终感应如一日，与人为善谁同之？尧舜之为乃如此，岂芜询及复奚疑？

十年之前，您（念庵）生病，拖着病体和我相见，为的是结交同道。十年之后，我也病了，您又屈尊前来，一如十年之前。这十年前后，我们之间的感应是多么相似啊！就好像发生在同一天。这个感应，便是知道有同道之人，便欲相识相知，共同承担起世道。这便是《孟子》中的"与人为善""善与人同"。这个与人为善，尧舜便是这么做的。即使尧舜这样的圣人，也会向普通老百姓讨教询问，对这种事情又何须怀疑？

孟子："（舜）自耕稼陶渔，以至为帝，无非取于人者。"一庵："大舜所以为大，谓其善与人同也。善与人同也者，与天下同为善而不独自为善也。故虽耕稼陶渔之人，凡有向上之志可接引者，皆可取者也。"

舜帝之所以被称作大舜，孟子说，是因为他"善与人同""与人为善"。舜不是自己做君子便好，甚至自己做君子没有那么重要，重要的是这个世界能好。所以，只要成就这个世界，不管是你做的，还是我做的，都一样。如果有人有足够的德行，能做好一件事情，便取用。这便是与人为善。宇宙的本体是生生，是成就万物。人心和天地之心只是一个心，人的本心也是成就万物，而且只是成就万物。这就是传本体。

心斋《大成学歌》开篇说念庵先生两次来见自己，都是欲和心斋共明此道，这便是与人同善。十年前是与人（心斋）同善，十年后的今天也是。这个与人同善的心，不但十年如一日，而且古今只是这颗与人同善的心（古代的尧舜和今世的老百姓都是这颗心），圣贤和愚夫愚妇也都只是这颗与人同善的心。

冬天，我给小学生讲课。我问小学生：老师对你们好不好？

他们说：好！

我又问：那你们也对别人这样好，好不好？

他们有的一点疑虑也没有，说好！有的就觉得很费解——你对我好，不是应该我对你好吗？你怎么要我对别人好呢？

善与人同的观念，本是小孩赤子之心本来具备的，但后天诸多习气沾染，让许多小孩丧失了那种最原初的生命感受。我们如今需要唤醒这个感受！从你我开始，开始做这么一件大人造命的事业。

2. 我将大成学印证，随言随悟随时跻。只此心中便是圣，说此与人便是师。至易至简至快乐，至尊至贵至清奇。随大随小随我学，随时随处随人师。掌握乾坤大主宰，包罗天地真良知。

您十年如一日的这个与人为善的心，超越个体生命，古今同此心，圣愚同此心。这个兴起斯文的传道之心，这个传道的感受，便是大成学了。我们每一句话都是在传道，我们所有的领悟都是在传道。我们的一举一动，随时随地，都和圣人相同，都和天地同流。这就是"我将大成学印证，随言随悟随时跻"——我将大成学和您做个印证！随时随地的言语、领悟、践履所及之地，都是这个传（知行传本体）。心中只有这个传本体，就是圣人。只要把这个（也就是传道，就是传本体，就是大成学）说给别人，就是老师。有了这个知行传本体，有了这个大成师道，有了这个与人为善，便掌握了天地的大主宰，你的心便是包罗天地的真正的良知。

3. 自古英雄谁能此？开辟以来惟仲尼。仲尼之后微孟子，孟子之后又谁知？

自古以来的英雄谁能如此呢？开天辟地以来，惟有无行不与二三子的孔子，建立了师道的孔子。（心斋、一庵皆多次强调，孔子贤于尧舜，在于奠定师道。）孔子以后，如果没有孟子传扬此道，那么孟子以后，还有谁知道这个大成学呢？

4. 广居正路致知学，随语斯人随知觉。自此以往又如何？吾侪同乐同高歌。随得斯人继斯道，太平万世还多多。

我们用生命践行此大成学，便可以居天下之广居、行天下之达道，便可以真正地致良知。我们随时随地把大成学告诉别人，随时随地先知觉后知、先觉觉后觉。（大成学，即是传道，传什么道呢？传大成学。也就是告诉别人，让别人再告诉别人去传道。这也就是传本体，也就是前面所说的"传是传此传"，也就是与人为善。）做了这个之后又要做什么呢？不用做别的了！我们只是一同安住于本体的真乐（知行传本体），一同高歌。我们随时随地兴起君子，承担这个师道，承担这个大成学，承担这个知行传本体。那么太平的世道，万世都不止。

5. 我说道，心中和，原来个个都中和。我说道，心中正，个个人心自中正。

我说道，我的心是中和的，原来每一个人的心都是中和的呀！我说道，我的心是中正的，原来每一个人的心都是中正的呀！

心斋对念庵说："我的心是中和的！中正的！"这语气本身有一极强的感召力，旋即令念庵生起一极大的信力。所以念庵见心斋时，即便不能完全领受心斋之学，但觉得"令人洒然有鼓舞处"。同时，这也是让念庵对着心中有圣学种子的人说："我的心是中和的！中正的！"这样，听闻念庵这么说的人，心中也会有所感应。这便是兴起人人心中的中和、中正。

这便是知行传本体中，"传是传此传"之意。传道只是通过生命实践的感召力，把传道的思想传播下去。"我说道，心中和"，这是号召儒者兴起心中的中和之气，更是让儒者也去兴起其他人心中的中和之气。这可以说是"兴是兴此兴"，也可以说是"行是行此行"，我这么做（兴起别人心中的中和之气），也是希望别人效仿我，也来像我这么做（兴起其他人心中的中和之气）。先知觉后知，先觉觉后觉，在这里便是：先知去觉"后知日后觉后知"之知，先觉去觉"后觉日后觉后觉"之觉。

6. 常将中正觉斯人，便是当时大成圣。自此以往又如何？清风明月同高歌。同得斯人说斯道，大明万世还多多。

常常将心中的中正去觉可觉之人（斯人，是可教化之人），我们便是一时的大成圣，便和孔子一气。这么做之后还要做什么呢？什么都不用做了，只要和清风明月一同高歌便可以。我们一同传道，一同传此传，一同得到可传道之人，向他们说这个大成学。这样，大明可以延续万世都不止。

淮南格物功夫的讲稿，到此为止。心斋开启的事业，并没有完成。乃所愿，则学心斋。如果读者愿意共同承担此道，希望您能实下手做淮南格物的功夫。如今，我们继续着心斋先生的事业，也希望您能参与到这个事业中，同得斯人说斯道！我们一同来继续心斋先生，这位大人，所造之大命。

后 记

赖区平

2016 年年底寒假，杨鑫君在老家江苏东台举行讲座，次年春将讲座整理稿发给我，名为《大人造命》。当时读了，深有感触，于心终不忘。后数年在京漂泊，又重读此书。2021 年夏回到广州，与陈师立胜先生谈及此，或可出版，以广其传。师读此书后，大为赞赏，并极力联系出版、筹备经费事宜。2022 春至今，我与中大哲学系几位同学办了一个读书会，一起学习此书。据中大博雅学院毕业的冯欢师妹说，杨鑫君创办的泰东书院网络读书班，如今也在读此书。

私以为，以如此接地气的方式谈心斋、谈儒家、谈功夫，一方面学术见地精准深入，而又不轻易动用学术表达方式和专业术语，另一方面，能用平常话、寻常事来谈修己技艺并动人心魄，而又不落入俗套乏味的大众心灵鸡汤，就其独特体例而言，实已创一新法。一言以蔽之，这是一部真正意义上的现代儒家心学著作。

本书由我作了初步校订工作，主要是统一修订书稿中的文字、标点、标题格式等方面的问题。其中，本书的副标题由陈师与杨立军编辑商定增补，第一讲以及第五讲的小节标题由我增补。在此书的读书会中，诸同学也发现并订正了书稿部分误字，在此致谢。读书会参加者以硕士研究生为主，有郜旭明、杨正周、刘丹彤、莫菲、张瑶瑶、张乾礼、黄天华、王美绘同学，另有本科生郝昱同学。出版事宜，也征得了杨鑫君家人的同意并授权。此书得以出版，感谢上海古籍出版社刘海滨先生、杨立军先生的大力帮助，感谢中山大学禅宗与中国文化研究院的经费支持。最后，祝愿杨鑫君早日康复。

2023 年春于康乐园

图书在版编目(CIP)数据

大人造命：泰州阳明学讲稿／杨鑫著. —上海：
上海古籍出版社，2023.11（2024.3重印）
ISBN 978－7－5732－0852－1

Ⅰ.①大… Ⅱ.①杨… Ⅲ.①王守仁(1472－1528)
—哲学思想—文集 Ⅳ.①B248.25－53

中国国家版本馆 CIP 数据核字(2023)第 164375 号

大人造命：泰州阳明学讲稿
杨 鑫 著
上海古籍出版社出版发行
（上海市闵行区号景路 159 弄 1－5 号 A 座 5F　邮政编码 201101）
（1）网址：www.guji.com.cn
（2）E-mail：guji1@guji.com.cn
（3）易文网网址：www.ewen.co
上海展强印刷有限公司印刷
开本 850×1168　1/32　印张 10.125　插页 2　字数 194,000
2023 年 11 月第 1 版　2024 年 3 月第 2 次印刷
印数：1,501—2,600
ISBN 978－7－5732－0852－1
B·1338　定价：58.00 元
如有质量问题,请与承印公司联系
电话：021-66366565